ケーススタディ

企業間コラボレーションを成功させる契約交渉の進め方

GBKS代表
石川文夫 [著]

中央経済社

はじめに

　本書は，いわゆる契約書の種類やそこに含まれる条文の網羅的解説本ではない。想定されるビジネスに対してどのような契約書構成にすべきか，どのような条文が必要となるのかというような**ビジネスと契約の接点**に視点を据えている。こうした考え方を例示することによって，契約マインドと思考力を養うことを目的としている。対象とする読者も，必ずしも法律専門家ではない方々も念頭においている。

　筆者は2017年の12月20日にて38年8か月間の会社生活を終えたが，入社後17年間は国内・海外の生産管理・事業部門で実際の製品を相手にした生産計画，仲介貿易等の業務に携わり，その後の21年余は，製品に化体されている会社の知的財産に係わるライセンス契約交渉等を含む法務関係の業務に携わってきた。この後半の期間では，間接部門としてライン部門のビジネスを法務面から支援するとともに，知的財産権の運用に関しては担当部門としてライセンス料，ランニングロイヤリティ等の対価取得，あるいはライセンス料支払いの減額交渉等を通じて，会社に貢献してきた。

　筆者のこのような経験からみて，伝統的な企業の法務部門は，設計開発部門や製造販売部門のように直接的にビジネスを推進しているライン部門（以下，事業部門）からビジネスに関連する契約書の審査依頼を受け，契約書の内容を精査・審査したり，契約書の作成を支援したりすることを主な業務としてきた。現在もこのスタイルは法務知財部門の主流のように見受けられる。

　ちなみに，法務知財部門という言葉は，法務部門と知的財産関連業務部門（以下，知財部門）の併称である場合と法務と知的財産関連業務の両方を統括する1つの部門を指す場合がある。実際の企業組織としても，従来

は法務部門のみを置いて知的財産関連業務もその業務の一部としていたが，近年，企業経営における知的財産の比重が高まるにつれ，特に大企業において知的財産関連業務を独立させて知財部門を置く傾向がみられる。

　しかしながら，これからの時代は，法務知財部門はそのような受け身の仕事ぶりでよしとせず，事業部門が展開・着手しようとするビジネスの初期段階から参画し，当該ビジネスに最適な契約スキームはどうあるべきかを事業部門に提案することが求められる。また，それらに含まれるリスクも示唆して事業部門がそのリスクを最小化するための措置を講ずることを可能にするため，予想される利益とリスクのバランスを勘案しながら実務を進めることが必要な時代になってきている。つまり，法務知財部門は，従前のように，下流で流されてくる桃をただ待つだけの姿勢ではなく，上流でどんな種類の桃を流していくべきかを考えることも行う業務に変貌していくべきだと考える。

　本書では，ある事業において第三者と連携することをコラボレーションと呼び，諸条件のもとで最終的に1つのやり方（コラボレーションの形態）に決定し，実行するうえでどのような思考回路を辿るべきか，そのプロセスを具体的に示しながら解説している。通常こうしたプロセスを担うのは事業部門における直接の担当者であり，法務知財部員は契約書作成，チェックの段階において携わるものであるが，そのような法務知財部員にも，本書を通じて契約書の締結段階に至るまでにどのような検討がなされているかを理解する端緒を得ていただくことも目的の1つである。

　従来は，多くの作業において，文書化されたマニュアルを作業者が読みながら，あるいは記憶することによって遂行されていたが，IT時代の現在は，種々のソフトウェアツールやネットワークなどのITツールを駆使することにより大幅に合理化され，短時間でより正確な作業が可能になっている。

たとえば、筆者が入社した昭和54年（1979年）頃には職場にワープロもパソコンもなくすべての業務が手作業で行われていた。文書作成にあたり、書き間違えれば消しゴムを使って修正し、大幅な語句の挿入が必要になった場合は最初から文書を書き直さなければならず、その作業のために多くの残業時間を費やしていた。

　しかし、今やパソコン、スマホ等を使えば容易に手直しは可能であり、漢字変換も極めて簡単である。最近はその弊害で簡単な漢字でさえも書けない人間が増えており、何らかのカタストロフィでIT環境が利用できない状況に陥ると漢字による文化継承が不可能になることが危惧されるほどである。現在すでに仕事を合理化することのできるITツールは豊富に存在し、また、人々が追いついていけないほどのスピードで日々新しいツールが生み出され進化してきている。AIやロボットの活用もビッグデータ処理技術、ディープラーニング技術、それらを結びつける通信技術など技術の進化とともにもの凄い速さで進んでいる。

　契約書作成ソフトもかなり以前から世の中に存在しているが、近い将来、AIがディープラーニング技術なども含めてさらに活用され、YES/NO形式で少量の基本的データを投入すれば自動的に最適解に近い契約書ができてくるような時代が出現しそうな勢いである。

　しかしながら、本書が強調したい点は、そのような時代背景にあってもなお、企業が第三者とビジネスを進める上で必要な段取り、交渉準備等のアプローチの方法などは、取引相手、相互の業態、取引商品、相互の人脈関係、力関係、地理的関係など時々刻々と変化する要素に応じて千差万別でいろいろなやり方が存在し、その最終的選択は人間に委ねるしかないということである。

　すなわち、それらの多くの選択肢から最終的に1つのやり方に決定し、実行することになるが、AIなどはそのような選択肢の提示は可能でも、等価なあるいは実行してみなければどうなるかわからない選択肢から1つを選択するということは能力を超えており、最終的方法を選択し、決断す

ることは人間が行わざるを得ないということである。

　たとえば，AIではサイコロを振ったときに1から6までのいずれかがそれぞれ6分の1の確率で出ることは示せるが，実際にどの目が出るかを示すことは不可能である一方，人間は6通りの選択肢から1つを選んで賭ける，**いわゆる決断をする**ことができ，契約交渉によって契約条件を定めていく作業はまさにこのような多くの選択肢から1つを選ぶ決断の連続であり，契約書作成作業にはAIでは代替できない領域があるということである。

　AIなどは，算数の計算のように論理的な正解が1つだけあるような問題や，たとえば囲碁や将棋のような複雑で膨大な計算や過去の累積ビッグデータの比較処理などを必要とするものは人間よりも速く正解を求める能力があるが，算数の計算の答えとは違い正解が1つではない契約条件の決定などのケースでは，その可能な選択肢からどれかを選ぶことは論理を超えるために不可能な処理となる。

　一方，契約書は，種々の交渉を通じて多くの可能な選択肢の中から選択決定したビジネス条件を記載した結果の書面であり，その前に遂行される種々の交渉経緯や検討された方法論は必ずしも論理的説明が可能とは限らない。これらは契約書には記載されないものであり，いかにAIを駆使して過去データの集積であるビッグデータから分析して望ましいビジネス条件の傾向を提示することはできても，最終決断は困難な範囲ではないかと思う。

　本書では，このように表面的には見えてこない企業間等におけるビジネスのやり方，進め方を筆者の経験をもとにお示しし，読者の皆さんがビジネスを進める上での**考える力**を養う一助としてもらいたいと思う。

　筆者が知得した多くの経験の中から10件を抽出し，本書に掲載した。前半の3件は，具体的な事業目的の例を示し，その目的を達成するためにいかなるコラボレーションが採れるかについての考え方を解説している。ま

た後半の7件は，筆者がこれまで経験したケースをもとに，コラボレーション業務を遂行する方々への警鐘・示唆を行うスタイルとなっている。

　これから企業に入社して契約関係の仕事を志す方々や，大学の法学部で勉強している方々，筆者のように会社生活の途中から法務知財部門に異動した方々などが知財法務部門のあり方や具体的な契約書作成作業の考え方などを学ぶ際の参考にしていただきたい。

　なお，本書に掲載した事例はいずれも筆者が自己の知見と公知情報をベースに創作した仮想ケースであり，実在のケースを引用したものではないことをお断りしておく。

　また，掲載した10件には繋がりも関連性もないので，読者が興味を持ったケースから随意に読んでいただきたい。本書が読者の皆さんの机上に常時置かれて役立つ存在になって欲しいと強く願っている。

　さあ，それでは，ささやかな小舟（本書）ではあるが，ビジネスと契約の間に横たわる謎と冒険に富んだ大海原へ漕ぎ出そう。いよいよ出港である。

2018年3月

石川　文夫

目次

はじめに　*1*

第1章　イントロダクション　コラボレーションとは？
Ⅰ　ビジネスにおける契約の意義と位置付け　*10*
Ⅱ　コラボレーションの意義　*13*

第2章　ケースで学ぶ5つのスキーム
Case 1　いかなるコラボレーションの仕組みが最適だろうか？　*20*
Case 2　開発に必須の知的財産を保有する企業とのライセンス取引をいかに展開するか？　*42*
Case 3　自社技術をデファクトスタンダード化するライセンス戦略とは？　*54*

第3章　ケーススタディ　その契約にはどのようなリスクが潜在しているか？
Case 4　契約書文言に潜む落とし穴に注意！　*66*
Case 5　標準技術に係わる契約締結をする場合の留意点　*76*
Case 6　ノウハウに関するライセンスの行方は？　*86*
Case 7　製造物責任等にいかに対処するか？　*100*
Case 8　製造装置メーカーとの戦略的コラボレーションとは？　*110*
Case 9　販売店を利用したビジネス展開における課題は？　*122*
Case 10　委託（請負）契約に関する課題は？　*140*

おわりに　*149*

第1章

イントロダクション
コラボレーションとは？

本章ではビジネスに携わる者が契約と向き合う際に備えておくべき心構えと，契約の本質が当事者間の助け合い，すなわちWin-Win関係のコラボレーションにあることを読者の皆さんに理解していただきたい。

Ⅰ　ビジネスにおける契約の意義と位置付け

　現代における日常生活において，私たちは常に契約社会の中で生活している。かしこまって姿勢を正して契約書を見るまでもなく，自宅を出て電車に乗り，売店で新聞や雑誌を購入し，職場でタイムカードを押して，自分の机に向かいパソコンを開いてメールを見る。これらの一連の行動はすべて誰かと契約を結び，その契約に従って権利を行使し，あるいは義務を履行しているのである。

　法務知財担当者の日常であれば，上記のようにパソコンを開いてメールを見る。すると製造業であれば開発部門や製造部門からの契約審査依頼，作成依頼，相談などのメールが入っている（昨今では，契約案件のシステム化が進んでおり，メールや依頼書などでの担当者や管理職への依頼と並行して契約審査システムに入力することにより，自動的にまたは管理職の裁量で，契約審査案件が担当者に直接業務割当てされるようになっている場合が多い）。そこで，依頼メールを読んだ法務知財担当者が業務割当てに従って契約内容の審査を開始することになる。

　そこで問題となるのは，契約書の文面だけでは，その契約を必要としている背景にあるビジネスの内容等が読み取れないということである。その結果，契約書の検討を依頼した部門には木で鼻を括ったような回答しか返ってこないのである。

　また，契約書の検討を依頼した側である開発部門や製造部門も，契約書は自分たちにとっては形式的なもので責任がなく関係が薄いという認識でいることが多い。すべて法務知財部門の所管であり責任であるという理解の下で契約書を注意深く読まず，全く見ることすらしないようなケースも見受けられる。

しかし，これは大きな間違いである。**契約がありビジネスがあるのではなく，あくまでビジネスがあり契約が発生するのである。**ビジネスと契約は別の次元にあり，あたかも契約書が宙に浮いているような理解をしているビジネスマンがいるとしたら要注意であり，いつか事業の中での齟齬が生じて企業の浮沈にかかわるようなとんでもないことが起こる要因となるのである。

すなわち，ビジネスに携わっている者のマインドとして，「契約書！」と聞いただけで，自動的にもう自分たちにはかかわり合いのないことで，弁護士さんや，法務知財部門がやればいいという思考回路になっているのではないか。ビジネスマンにとっては契約書もビジネスを構成する商品の一部であるという位置付けで捉えるべきであり，決してその内容・品質に無関心であってはならない。

ちなみに，いかなる種類の契約書においても，契約内容の構成は，概ね次の図のようになっている。特に①の部分は進めようとするビジネスの基盤となる条件の部分であり，ビジネス部門が先導して内容を決めていくべき部分である。大変重要な部分といえ，法務知財部門にお任せすべきではない部分である。②の部分は，ビジネス部門と法務知財部門の両者がビジネスの価値，位置付け等を十分考慮して決めていく部分である。③の部分は，ビジネス上のリスクを最小限にする法的な対処を最大限に行う部分であり，法務知財部門が主導して確定するべき部分である。

契約書の内容の基本的な構成

① ビジネス条件部分
取引対象物，対価，支払い，サポート，ライセンス内容等規定

② 法的な判断を伴う部分
保証，発明・著作の権利帰属，免責事項，損害賠償範囲規定

③ 純粋な法的条件部分
準拠法，訴訟管轄裁判所，紛争解決方法，その他一般条項規定

Ⅱ　コラボレーションの意義

　近年，製品を製造・供給する第2次産業とサービスを提供する第3次産業を，通信技術，コンピュータ（AI）技術を介して密接に結びつける役目を担っているエレクトロニクス業界などにおいて顕著となってきている経営戦略上の傾向がある。以前は，事業を進めるにあたり，資機材・部品の調達から製品の製造・販売などの業務をすべて自社のリソースで賄ういわゆる垂直統合形態が主流であった。これが，たとえば資機材・部品調達，市場ニーズを吸い上げるマーケティング，市場ニーズを具体的な製品の形にする製品設計，試作品を制作して設計の良否を検証する製品開発，開発を完了した製品を効率よく量産する製品製造，製造された商品の販売，販売した商品の運用・保守などのアフターサービス，これら一連の事業活動によって創出された知的財産の管理・運用，同様に一連の事業活動に伴って発生する法律問題への対応など，これら一連の業務が別々の企業に分散されて行われる，いわゆる水平分業形態へと変化してきている。

Column

垂直統合形態から水平分業形態への移行の例として，半導体業界の例を挙げてみよう。

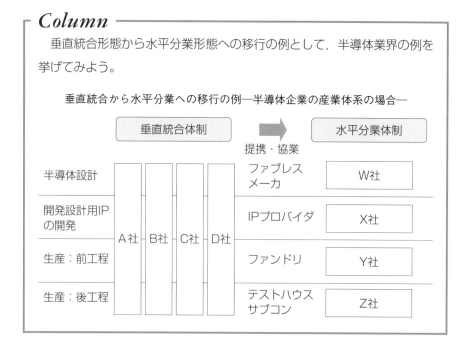

日本においては，水平分業といっても，子会社や関連会社などいわゆるグループ企業の中での分業形態が比較的多いことが特徴であった。しかし，それも国際化の波の影響を受けて欧米並みに互いに自主独立した企業間で最適の組み合わせの分業形態を模索せざるを得ない状況となってきている。

したがって，今や，何らかの事業を展開しようとした場合，それが**新規事業であろうと従来事業の延長であろうと，異業種，同業者を問わず他の企業との融合や相互連携**を一切考慮せずに旧態依然のまま垂直統合，自前主義にこだわって進めることは，創業者による趣味的経営などでもない限り，企業が生き残っていくためにはもはや許されない環境にある。

このような経営形態の変化をうけて，志に満ちた創業理念が見失われ，共栄よりも自社ファーストという短期的利益追求の果てに業界全体の衰退を招くリスクを孕みつつも，企業が生き残るためには，いわゆる企業間コラボレーションという手法の採用が避けて通れないものとなっており，企

業経営においてはその重要性がますます高まっていくものと思われる。

　筆者の私見では，企業間コラボレーションに限れば，複数の企業が立てたそれぞれの事業計画において，それらの事業目標を達成するために必要なノウハウ，設備，人材，資金等，有形，無形の経営リソースに不足があり，それらの企業が互いの不足部分を補完することができるような関係にあった場合に，それらの企業間で目標達成に必要なリソースを提供し合うことにより，いずれの企業も事業目標を達成することを可能にする行動形態である。

　言い換えれば，企業単独では事業計画の目標を達成することが技術的に困難である場合，あるいは事業目標を達成する時間的余裕がない場合に，コラボレーションという手法は，そのような問題を解決する事業戦略として有効な選択肢の1つである。

　そこで本書では，このコラボレーションという概念を，そのコラボレーションに関与する当事者間の具体的関係性に着目して，次の5種類に便宜的に分類する。すなわち，①**ライセンス**，②**共同開発**，③**外部委託**，④**合弁会社設立（ジョイントベンチャー）**，⑤**企業買収（M&A）**である。筆者の考えでは，世界的に見ても業界の種別に関係なく，あらゆるコラボレーション活動は，概ね上記の5類型の中に収まるのではないかと考える。

　ちなみに，本書で使われているコラボレーションの意味を類型ごとに極めて簡略化して定義すれば，以下のようになるであろう。

①**ライセンス**：当事者間における知的財産（権）の使用許諾行為
②**共同開発**：当事者間で製品等を共同で開発する行為
③**外部委託**：当事者間で通常自社で行う類の作業や業務を相手方に依頼し実施してもらう行為
④**合弁会社設立（ジョイントベンチャー）**：当事者間で資本を出し合って，特定の事業を遂行する別会社を設立する行為

⑤ **企業買収（M&A）**：当事者間で相手方の企業全体あるいは一部の事業を買収して支配下に置く行為

　ビジネスを推進する当事者が最終的なゴールを達成するためには，ビジネス条件やリスクを含む法的な条件を考慮して最適なコラボレーションスキームを選択する必要があるが，その選択にあたっては当然十分に検討することが求められる。

　本書では，具体的な10種類の事例を想定し，その想定を与件としてそれぞれ最適なコラボレーション形態としての解を絞り込んでいく考え方，手法を具体的に例示してある。

　ただし，読者が本書を読むにあたって常に留意すべきことは，コラボレーションスキームの選択においては，数学などと違って唯一無二の「正解」はない，ということである。たとえば $1+1=2$ のように回答が1つではなく，種々のアプローチが可能であり，1つのアプローチが100点で他のアプローチがすべて零点というビジネス状況はあり得ない。また，ある条件では最適であったアプローチが，わずかにビジネス環境が変動しただけでもはや最適ではなくなったというような事例は枚挙に暇がない。

　ビジネスは生き物である。日々変動している。したがって，将来の変動を見据えたアプローチを行い，余裕があれば保険的なスキームを組み合わせるようなことも視野に入れて，ある程度の変動にも耐えられる最適な解を選択することが求められる。

　これらを総括して，上述したコラボレーションの説明とある程度重複するが，次に筆者が考えるコラボレーションの5類型を模式化して再掲する。

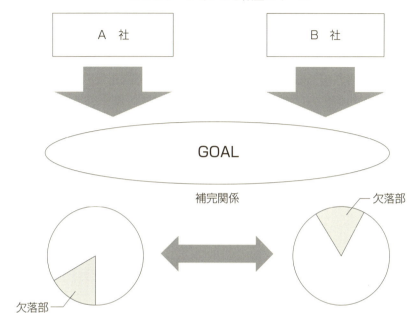

コラボレーションの5類型スキーム

　上図のように，自己の欠落部分を互いに補完できる関係にある場合の5種類の選択肢は以下のとおりである（※相互補完の不均衡は金銭で補う）。
①ライセンスによる対応
　A社がビジネスを進める上で不足している技術に含まれる知的財産（権）を，それらを保有しているB社より当該知的財産（権）を使用してビジネスを実施する権利の許諾を受ける対応
②共同開発による対応
　A社，B社がお互いに共通なゴールを達成する上で，お互いに不足している技術を相互に補完し合って協力しながら開発を行い，ゴールを達成しようとする対応
③外部委託による対応
　A社が成果物を得るためにA社自身だけですべての開発等を行うことができない場合に，B社にそれらの開発等の一部あるいは全部を委託して当

該開発の成果物を入手しようとする対応

④合弁会社による対応

　A社，B社が特定の事業を遂行するために，各々の会社より双方の人材リソース，知的財産等を供出し，別企業を設立し当該特定事業を遂行しようとする対応

⑤企業買収による対応

　A社が事業を遂行するなかで，当該事業を拡大するために同種の事業を遂行するB社を買収することによりA社の事業を拡大させ遂行しようとする対応

第2章
ケースで学ぶ5つのスキーム

　本章では，第1章Ⅱで述べた5つのコラボレーションスキームを，具体的なビジネス形態においていかなる段取りで考え，実行していくべきかを，3件のケースを取り上げて述べていく。
　読者の皆さんは，具体的なビジネスのゴールを達成するためにいかなる考え方をなすべきかを理解するために，一緒に思考の流れをたどっていただきたい。

Case 1

いかなるコラボレーションの仕組みが最適だろうか？

　アニモ社（以下，Ａ社）は日本の中堅食料品会社であり，バニラエッセンスを添加したアイスクリーム製品（以下，バニラアイス）の開発・製造・販売を行っている。Ａ社のバニラアイスによる日本におけるアイスクリーム市場占有率は70％程度である。また，Ａ社はバニラアイスを製造する技術等の特許を含む知的財産（権）を保有している。しかし，Ａ社が現在保有している技術はバニラアイスに関するもののみであり，バニラアイス以外の製品を開発，製造する技術は保有していない。

　この状況下，Ａ社は，唯一の商品に全面的に依存する企業体質のままでは将来顧客の嗜好変化に対応できなくなる危惧を抱き，同じアイスクリーム製品ではあるがバニラアイス以外の新たな製品を開発して市場に出し，商品ラインナップを広げて将来に備えるとともに売上も拡大させるという事業戦略の可能性を模索している。

　一方，バブコム社（以下，Ｂ社）はＡ社同様に日本の中堅食料品会社ではあるが，事業の主体は飲料水製品関係であり，この飲料水製品関係の日本における市場占有率は60％である。

　また，Ｂ社は，Ａ社のバニラアイスとは直接には競合していない別のアイスクリーム製品の開発・製造・販売も行っているが，日本におけるアイスクリーム市場占有率は10％にも満たない。

　Ｂ社は，今年度の中期経営事業計画において，飲料水製品関係だけに事業を集中せず，アイスクリーム製品への投資を増やして売上を拡大する計画を立てている。

　しかしながら，アイスクリーム業界でＡ社との正面対決は勝算がないと見て，Ｂ社が保有するチョコレート技術とバニラアイスを組み合わせた新製品で市場拡大を狙うべく，Ａ社とのコラボレーションの方法を探ろうとしている。

コラボ可能性検討

A 社

B 社

- アイスクリーム製品を主体とした食料品事業
- バニラアイスの市場占有率は高い
- 他のアイスクリーム製品も販売したい

- バニラの知的財産権保有

- 飲料水事業主体，アイスクリームも事業としては営んでいる
- アイスクリームの市場占有率は低い
- アイスクリーム事業を拡大したい。チョコレートをベースにした混合アイスクリーム製品を開発し市場で販売したい
- チョコレートの知的財産権保有

両社共通の目的　アイスクリーム製品の売上を増やしたい。そのために新しいアイスクリーム製品を開発したい。

ケース1のポイント

- A社，B社双方にとり共通する目的を達成することのできるスキームの検討
- A社，B社双方にとり，最も負担が少なく効果的なスキームは何かを検討

Column

　知的財産（権）とは，物としての財産ではなく，知的創造活動によって生み出された財産的価値を有する情報である。いくら利用しても減らないという情報の性質から知的財産もいくら利用しても減らず，したがってすべての人類が未来永劫利用できるという夢のような財産である。一方，需要供給のバランスで定まる商業的価値の観点からは，情報は容易にコピーあるいは模倣できるという性質から，コピーや模倣をされればされるほどその知的財産の保有者にとっての商業的価値は下がることになる。

1　検討の前に

　上記相関図のような両社の状況を前提にして，A社とB社には，自らのアイスクリームの事業を拡大していくために，今後それぞれいかなるアクションが求められるか？

　また，それぞれのアクションの実現可能性はどうか？　読者の皆さんがそれぞれの企業の事業を推進する責任者だったとして，どのような事業展開を行うべきか一緒に検討してみよう。

2　現状の分析

　A社とB社の現状についての分析結果を以下に記載する。

- A社は自社の主力商品であるバニラアイスの国内でのアイスクリーム市場占有率が70％とほぼ市場独占の状態にある。しかし，バニラアイス以外のアイスクリーム製品によって売上を拡大したいとの意図を有している。
- B社の事業の主体はアイスクリームではなく飲料水であり，飲料水の国内での市場占有率は60％とほぼ独占に近い。一方，B社のアイスクリーム市場占有率はA社に比べて圧倒的に少ない。また，"A社といえばバニラアイス"といわれるほどA社のアイスクリームブランドは市場において確立されており，新規にバニラアイスと直接競合する商品でアイスクリーム市場に参入することはB社にとってはリスクが大きい状況である。
- また，バニラアイスに関してはA社が知的財産権によって，ほぼ完璧に押さえており，B社がA社からバニラアイスに関するライセンスを取得しない限り，バニラアイスの競合製品による市場参入を行うと，A社から知的財産権侵害訴訟を提起されるリスクが大きい。したがってバニラアイスと直接競合するアイスクリーム製品を独自開発して市場参入する

ことは事実上不可能な状況にある。
- 一方，B社は，チョコレート製品に係る製造技術等の有力な知的財産（権）を保有しているため，バニラとチョコレートを組み合わせた新しいアイスクリーム製品を開発してA社のバニラアイスと棲み分ける形で市場に参入したいと考えている。
- このように，B社は，新製品開発計画の目標を明確に想定している。すなわち，主力の飲料水事業の他にアイスクリーム事業の売上も拡大させたい方針である。

お互いの共通な方針　　自社のアイスクリーム事業を拡大させたい。

3　段取り

次にA社とB社がそれぞれの目標を達成するには，どのような作業手順で計画を進めるべきかについて考えてみよう。

なお，このように実際に作業を開始する前にあらかじめその作業手順を想定して問題がないかチェックすることを**"段取り"**という。この段取りは想定した作業手順で必要とする人材，資材の調達可能性を検討することを含み，必要があると思えば要所，要所に根回しや打診などを行ってその調達可能性を確実なものにするという準備作業もその一環である。

段取りをどれだけしっかりと行うかによって，実際の計画がスムーズに進行するか，途中でトラブルが生じて計画遅延あるいは計画頓挫が生じるかが分かれることになる。昔から仕事をする者の心得として"段取り八分，仕事二分"という格言があるが，このことをよく言い表している。

(1)　段取り1

まず，はじめに行う必要のあるアクションは，A社側（またはB社側）から相手方に対して，自社の意図する相手方とのコラボレーションの概要を示して相手方に検討を要請する提案書（意向書）を提示することであり，このアクションによって本件プロジェクトは開始される。

上記で分析したような状況であれば，コラボレーションの提案は通常B社側から行われることになる。この段階での提案書あるいは意向書は，相手方がとりあえず話し合いに応じてくれるかどうかを打診あるいは要請するためのものである。したがって，取引の目的や取引対象などの概要を示せば十分で，具体的な要求や条件などを示すと相手方が最初の話し合いにさえ応じないこともあるので表現には注意を要する。

Column

　以下は，70年余も前の戦後間もなく，日本企業が欧州企業に対し，相手方が保有する発明技術の使用許諾についての話し合いを求めた丁重な手紙である。このレターであれば，何らかのコラボレーションなどを提案するレターとして現在でも十分に通用する。

Stokholm, December 13th, 1951.

Denmark. ▓▓▓▓▓▓

Dear Sir,

  Last year when Dr. ▓▓▓▓▓, our company's manager of Yokohama Works visited your company, he had an opportunity to receive explanation on your great invention concerning High Voltage flat type cable. He also understood at that occasion that your company is willing to favour us with the use of the invention right. Our company is most grateful for your generous offer and good will.

  Myself and Dr. ▓▓▓▓▓ (Chief of Engineering Department of our Yokohama Works) as an important purpose of our journey through Europe, are hoping that we reach some agreements in principle with your company as to the acquisition by our company of your patent right on High Voltage flat type cable.

  We should like to know urgently, therefore, that on what specific conditions you are willing to let us have the right in the event your company's application in Japan of the High Voltage flat type cable becomes valid for its patent right.

  If it is permitted to say, we hope that you let us have an exclusive right during the valid period of its patent right, on the basis of paying royalty to your company each time we use your patent right.

  It is needless to say that all necessary expenses for the maintenance of your patent right in Japan will be borne by our company.

  We shall also be very happy if, at this occasion, any illustration can be given to Dr. ▓▓▓▓▓ of the economic comparison as cables among High Voltage flat type cable (your invention), oil filled type cable and self-contained gas pressure impregnated type cable in the one case of ▓▓▓▓▓▓▓▓▓▓▓▓ which has been designed by your company.

            Yours sincerely,

            N. Kozawa

            Director of ▓▓▓▓▓▓

TOKYO, Japan

(2) 段取り2

(1)の提案を受けて相手方が本件プロジェクトに興味を示した場合には，通常，双方それぞれにおいて本件プロジェクトの実現可能性の検討をするという次のアクションが必要となる。

しかし，実現可能性の検討を行う場合，本件プロジェクトに利用することが想定される技術情報などを互いに開示し，自社内で検討するとともに，必要に応じて双方協議して検討を進める必要がある。こうした技術プロジェクト特有の事情があるために，手順に少し変更を加える必要も生じる。

この段階で注意すべき重要なことは，お互い相手方に開示する情報には公開されていない秘密情報が含まれる可能性が高いということである。したがって，実現可能性の検討というアクションを両社それぞれが開始する前に，両社間で**お互いが開示する秘密情報を保護するための秘密保持契約を締結する**というアクションが必要となる。

(3) 段取り3

(2)における秘密保持契約の締結に続くアクションは，当該秘密保持契約の有効期間中に，相手方から開示された技術の評価を含め，提案されたコラボレーションの実現可能性を検討し，評価するという手順になる。

たとえば，技術的検討，評価の具体的テーマとして，バニラ成分とチョコレート成分をどのように組み合わせ，どのように調合し，どのような添加物を加えたら市場に受け入れられる新しいアイスクリーム製品となる可能性があるか，などがある。

ただし，この段階での検討は，今後の事業展開において作りたいと思っている新製品が技術的に実現可能か，そのような製品が商業的に成り立つかといった見通しを得ることが目的である。具体的な実現方法や両社のコラボレーションの形態などの検討は以降のステップで扱われる。

(4) 段取り4

(3)におけるお互いの技術の評価等が完了し，その結果両社共に本件プロジェクトは実現可能性があるという結論に達した後のアクションとしては，以下のように具体的な両社間のコラボレーションの進め方を検討する手順となる。

すなわち，この段階ではいかなるコラボレーションの形態がお互いにとり最適な条件かを検討する。この場合に必要な検討項目としては，以下のようなものが考えられる。

- A社，B社それぞれ，新たな製品の事業計画をいかに考えるか？（たとえば，新製品の販売数量，短期・長期見通し，販売価格帯，重点販売地域，販売チャンネル，生産計画，投資計画，資金計画などについての検討）
- A社，B社それぞれ，既存の製品の事業計画をいかに考えるか？（たとえば，新製品同様の検討に加え，既存製品と新製品のリソース配分などについての検討）

このように，それぞれが品揃えに関する事業戦略を立て，それらを見据えた上で最適な選択を行うことが肝要である。

(5) 段取り5

(4)において，考えられる選択肢の中からお互いの現状を踏まえた上で最適と思われるコラボレーション形態が選定された後には，いよいよそのコラボレーションの実施段階となる。

このコラボレーションの実施段階においては，実施するために両者が守らなければならない事柄を定めた契約，たとえばライセンス契約，共同開発契約，委託契約などを締結するアクションとその契約に従ってコラボレーションを実行するというアクションの2段階からなる。

上記段取り1から段取り4までが本件プロジェクトの準備段階，すなわ

ち段取りフェーズでの主要なアクションと手順であり，段取り5は本件プロジェクトの本番フェーズである。

　これらのアクションの中でも上記段取り4は，想定される選択肢を比較検討してコラボレーションの形態を確定させるステップであり，プロジェクトの準備段階としては最も重要な作業なので，その作業の仕方，考え方を読者の皆さんが理解しやすいように，それぞれ想定されるコラボレーション形態における利害得失，難易度などについての比較・検討例を以下に示す。

4　スキーム形態別での検討

(1)　ライセンスによるコラボレーション形態

　ライセンスというコラボレーション手段は，自社が保有していない技術を補完して開発時間を短縮する目的で，相手方から知的財産権で保護されている技術の実施許諾を得て，新たな製品を開発し，事業を展開することを可能にするものである。

　本プロジェクトにおけるコラボレーション形態としてライセンスという手段を採る場合には，以下のような選択肢が考えられる。

①A社がB社からチョコレートに関する知的財産権のライセンスを取得する場合

　この場合のA社のメリットとしては，以下のようなものが考えられる。
- 新製品としてチョコレートアイスクリームの製品の開発・製造・販売が可能になること

　しかし，この場合には以下のようなデメリットも考えられる。
- B社へのライセンス料の支払いが発生すること
- 既存商品であるバニラの売上が減る可能性があること

さらに，この場合には以下のような点がネックとなることも考えられる。
- B社がそもそもチョコレートに関する知的財産権のライセンスをA社に与えるか？

この問題の解決は困難と考えられる。その理由は，B社は自社でもチョコレート技術を活用した新たなアイスクリーム製品を開発・販売したいという意図を持っているからである。

② B社がA社からバニラに関する知的財産権のライセンス許諾を取得する場合

この場合のB社のメリットとしては，以下のようなものが考えられる。
- バニラの技術を使用した新たなアイスクリームの製品の開発・製造・販売が可能になること

しかし，この場合には以下のようなデメリットも考えられる。
- A社へのライセンス料の支払いが発生すること
- 既存のアイスクリーム製品の売上が減る可能性があること

さらに，この場合には以下のような点がネックとなることも考えられる。
- A社がそもそもバニラに関する知的財産権のライセンスをB社に与えるか？

この問題の解決は困難と思われる。その理由は，A社がわざわざ自社製品の競合相手を作ることに通じ，自らのバニラの市場占有率を減じる可能性があるライセンス付与は行わないと考えられるからである。

③ A社とB社がお互いに相手方製品に関する知的財産権のライセンスを取得する場合

これは，いわゆるクロスライセンス契約を締結するスキームである。たとえばお互いの保有特許件数が多いエレクトロニクス業界ではよく活用されている。ただ，このスキームの場合，対象とする知的財産権の範囲，そ

れぞれの知的財産の寄与度，それらを勘案した双方の知的財産権の価値判断，その結果としての対価バランスの決定など，単純なライセンスに比べて交渉が複雑になる傾向がある。このスキームの場合には，A社はB社の知的財産を，B社はA社の知的財産をお互いに使用することが可能になる。

　この場合のB社のメリットとしては，以下のようなものが考えられる。
- B社はB社が計画していたバニラとチョコレートを混合させたアイスクリーム製品を自社単独で開発することが可能になる。

　しかし，この場合にはB社にとって以下のようなデメリットも考えられる。
- クロスライセンス契約により，市場占有率の高いA社にチョコレートに関する知的財産権のライセンスを与えると，A社が単独でチョコレートを用いたアイスクリーム製品を開発し，A社のバニラで培った販売力で新製品の販売を拡大する可能性があり，B社が意図しているアイスクリーム事業の拡大の阻害要因となるリスクがある。

一方，この場合のA社のメリットとしては，以下のようなものが考えられる。
- B社のチョコレートに関する知的財産を使用して新たにチョコレート製品かまたはチョコレートを用いたアイスクリーム製品を開発し，既存のバニラの販売網を活用して新製品の売上を拡大できる可能性がある。ひいてはB社のアイスクリーム事業の拡大を抑え込むかあるいはB社より高い伸び率を達成してアイスクリーム市場における占有率をさらに高めることができる可能性がある。

　しかし，この場合にはA社には以下のようなデメリットも考えられる。
- B社がA社の虎の子商品であるバニラの類似製品を開発して市場に参入し，A社のバニラ市場が荒らされるリスクがある。

- ただし，A社のアイスクリーム市場における現在の高い支配力を勘案すれば，このリスクは比較的低いと考えられる。

上記のような両者のメリット，デメリットを総合的に比較考量すると，以下のようなことが考えられる。
- 総合的に見て，それぞれの会社にとってこのスキームにメリットがあるかどうかは，A社とB社の保有するアイスクリーム事業における市場のシェアを各自の営業努力でどの程度拡大できるかという判断にかかっている。
- 自社技術のライセンスを与えることによる自社既存商品への直接的悪影響は，ライセンス契約においてライセンス技術の利用対象を厳密に制限することで避けることができ，また，間接的影響はあっても新製品の売上を伸ばすことで十分カバーできる程度と考えられる。
- それでも多少のデメリットが解消できないような場合には，ライセンス対価を取り決めるなどのライセンス条件によってそのデメリット分を穴埋めしてバランスをとるという余地もあり得る。

以上の分析から，このスキームは以下のように結論付けられるであろう。

A社もB社も，各々の事業展開を考慮すると，今回のケースでは個別にライセンス契約を結ぶのは最適ではないが，クロスライセンス契約は検討の余地があると考えられる。

(2) 共同開発によるコラボレーション形態
- 共同開発というコラボレーション手段は，新製品を開発するにあたってお互いに自社に不足している技術リソースを相手方から提供・開示を受けて補完することで開発期間を短縮し，開発費用を節減するという点では上記のクロスライセンス・スキームに類似している。

- しかし，クロスライセンス・スキームでは製品の開発自体はそれぞれの会社が単独で行い，開発成果も原則としてそれぞれ開発側に単独帰属する。一方，共同開発では，作業を分担することはあっても原則として両社が一緒に力を合わせて新たな製品を共同で開発し，その成果物をお互いに共有することになる点が大きく異なる。
- ただし，共同開発された新製品をどのように販売するかは原則両社それぞれの裁量に任され，たとえば，両社が別途合意することにより，一方が製造を請け負い，他方はそれを調達して販売だけ行うというような選択肢も可能である。

　A社とB社が，本プロジェクトにおけるコラボレーション形態として共同開発という手段を採る場合には，両社それぞれにおいて以下のような得失が考えられる。

①A社側における得失
- A社が望んでいるバニラアイス以外の新しいアイスクリーム製品として，チョコレートとバニラアイスを組み合わせたアイスクリーム製品の開発・製造・販売が可能になる。
- 共同開発完了後，共同開発した新製品で事業展開し，当該新製品を販売する場合，B社が保有している知的財産の寄与分が大きいときには，B社へのライセンス料の支払いが生じる場合がある。
- 新製品と既存バニラアイスの品揃えによるシナジー効果により，両製品共に売上が伸びる可能性がある。
- 逆に，新製品と市場の共食いが生じて既存製品であるバニラアイスの売上が減り，新製品開発投資に見合った合計売上の増加が得られないリスクがある。

②B社側における得失
- B社が新規事業の目標としていたチョコレートとバニラアイスを組み合わせた新しいアイスクリーム製品の開発・製造・販売が実現する。
- 共同開発完了後，共同開発した新製品で事業展開し，当該新製品を販売する場合，A社が保有している知的財産の寄与分が大きいときには，A社へのライセンス料の支払いが生じる場合がある。
- 新製品と既存アイスクリーム製品の品揃えによるシナジー効果により，両製品共に売上が伸びる可能性がある。
- 逆に，新製品と市場の共食いが生じて既存のアイスクリーム製品の売上が減り，新製品開発投資に見合った合計売上の増加が得られないリスクがある。
- しかし，B社の既存アイスクリーム製品の売上はもともと大きなシェアを有していないので，これはそれほど大きなリスクではないと考えられる。

以上の分析から，このスキームは以下のように結論付けられるであろう。

- 共同開発の場合には，A社もB社も自己が保有していない技術やノウハウ等を相手方に依存することにより，単独で必要な技術を新たに開発する手間が省け，安価かつ早期に新たな製品を開発することが可能となる。
- 通常，この共同開発期間中は，A社，B社がそれぞれ保有する研究者等の人的なリソース，設備，知的財産等を開発に必要な範囲でお互いに無償で活用することになる。
- この結果，B社の立場から見れば，B社が新規事業として計画しているチョコレートとバニラアイスをベースにした新規アイスクリーム製品を開発・製造・販売することが実現する。
- 一方，A社の立場から見れば，バニラアイス以外の新しいアイスクリーム製品の開発を行いたいという意図が実現できることになる。

- ただし，共同開発期間中には相手方の知的財産を共同開発の範囲内では無償で自由に使用できるが，共同開発が完了した後の相手方の秘密情報の保護，共同開発に利用した相手方の知的財産や共同開発で新たに創出された知的財産の扱い，そのような知的財産が組み込まれている成果物としての新製品の取扱いに関してどのようにするかを共同開発を始める前に取り決めておく必要がある。

　上記の検討結果のまとめとして，今回のケースでは共同開発スキームは最適だと考えられる。

(3) 外部委託によるコラボレーション形態

　外部委託というコラボレーション手段は，新製品を開発するにあたってその新製品を開発するのに必要な技術を持っていないか，あるいは持っていてもその新製品の開発に回すリソースの余裕がない場合に，その新製品を開発する技術その他の力量を有する相手方にその開発を委託し，その成果を買い取ることによって新たな製品を開発し，事業を展開することを可能にするものである。

　本プロジェクトにおけるコラボレーション形態として外部委託という手段を採る場合には，以下のような選択肢が考えられる。

①Ａ社がＢ社に新製品の開発を委託する場合

　この場合には，Ａ社がＢ社に新規アイスクリーム製品の製品仕様を提示し，当該製品の開発をＢ社に委託することになる。

　この場合のＡ社とＢ社の得失には以下のようなものが考えられる。
- Ａ社はアイスクリームの新製品を販売できる。
- Ａ社はＢ社に開発委託費を支払うことになる。
- Ｂ社はＡ社のために開発を受託するが，受託して開発した成果物の所有

権は新製品の製造・販売権とともにA社のものとなり，B社にとっては新製品に関しては開発受託費の収入以外何ら得るものがない。
- またB社側から見れば，もし新製品にB社が保有するチョコレートに関する知的財産が利用されている場合には，自社チョコレート製品のノウハウがA社に製品を通して流出する。そして，そのノウハウをヒントとしてA社が新たなチョコレート製品の開発を行って市場参入し，B社のチョコレート製品市場が荒らされるリスクもある。
- ただし，上記の場合，A社がB社のノウハウ以外の特許などの知的財産権で保護されている技術を利用したときには，B社はA社の当該新製品の製造販売を差し止め，損害賠償を請求するか，A社にライセンスを付与し，その対価としてA社がB社にチョコレート製品の製造販売に対するランニングロイヤリティを支払うことを求めるかを選択できる。

②B社がA社に新製品の開発を委託する場合
- この場合には，B社がA社に新規アイスクリーム製品の製品仕様を提示し，当該製品の開発をB社に委託することになる。

この場合のA社とB社の得失には以下のようなものが考えられる。
- B社は，新規事業として企画しているアイスクリームの新製品の販売が実現できる。
- B社はA社に開発委託費を支払うことになる。
- A社はB社のために開発を受託するが，受託して開発した成果物の所有権は新製品の製造販売権とともにB社のものとなり，A社にとっては新製品に関しては開発受託費の収入以外何ら得るものがない。
- また，A社側から見れば，もし新製品にA社の保有するバニラアイスに関する知的財産が利用されている場合には，自社のバニラアイスのノウハウがB社に製品を通して流出する。そして，そのノウハウをヒントとしてB社が新たなバニラアイス競合製品の開発を行って市場参入し，A

社のバニラアイス市場が荒らされるリスクがある。
- ただし，上記の場合，B社がA社のノウハウ以外の特許などの知的財産権で保護されている技術を利用したときには，A社はB社の当該新製品の製造販売を差し止め，損害賠償を請求するか，B社にライセンスを付与し，その対価としてB社がA社にバニラアイス製品の製造販売に対するランニングロイヤリティを支払うことを求めるかを選択できる。

以上の分析から，このスキームは以下のように結論付けられるであろう。

今回のケースでは，A社，B社双方が，アイスクリームの新製品を開発し，事業を展開したいという事業方針なので，一方のみが製造販売できる外部委託スキームは適切ではない。

(4) 合弁会社設立によるコラボレーション形態

合弁会社設立というコラボレーション手段は，新製品を開発するにあたってお互いに自社に不足している技術その他のリソースを相手方から提供・開示を受けて補完することで開発期間を短縮し，開発費用を節減するという効用がある点では上記のクロスライセンスや共同開発のスキームに類似している。

しかし，クロスライセンスや共同開発の場合には，開発成果がそれぞれの会社の単独所有あるいは共有となる違いはあっても，新しく開発された製品の製造・販売は原則として両者が別々に随意に行うことになる。

一方，合弁会社設立の場合には両社のいずれからも独立した別の新会社を設立し，その新会社が新製品の開発を行い，一般的には，その開発成果を新会社が単独所有し，製造・販売も原則としてその新会社で行うことになるという点が大きく異なる。

もちろん，出資会社である両者の意図に従って，新会社は新製品の開発のみを行い，開発成果は両社に譲渡あるいはライセンスするというスキー

ムや，新会社は新製品の開発と製造のみを行い，製造された新製品の販売は両社が行うというスキームなどを任意に設定することは可能である。

　本プロジェクトにおけるコラボレーション形態として合弁会社設立という手段を採る場合には，まず，A社とB社が新しいアイスクリーム製品の開発に関わる事業を行うために，お互いに出資を行って新たな合弁企業（以下，JV）を設立する。さらに，当該開発と新会社運営に必要な人材を新規採用するとともにコアとなる人材をA社またはB社から当該企業に出向あるいは移籍させて新しいアイスクリームの製品開発を行うことになる。この場合，両社それぞれにおいて以下のような得失が考えられる。

- A社，B社双方がお互いの人的リソースを有効に活用して新しいアイスクリームの製品を開発することが可能になり，開発した新製品をJVが販売することになれば，両者共にJVが自社の業績に寄与するグループ企業と位置付けられるために，企業グループ全体としてのアイスクリーム製品の合計売上を伸ばすことになる。
- JVが新規に設立される会社である点を活かして，人件費その他資材が安い地域，あるいは新規市場として開拓したい地域などに立地させて開発・製造・販売を行い，A社，B社双方は従来の自社テリトリーで新製品の販売を行うという市場の棲み分けおよび国際的広域オペレーションの可能性が広がる。
- 逆に，JVが新規に設立される会社であるので，社内で開発する場合や外部委託する場合などに比べ，設備投資などに必要とする資金が格段に大きいために，JVで開発される新製品の売上が予想より伸びなかった場合には両社共に巨額の損失を計上するリスクがある。
- A社，B社双方共，JVへの技術者派遣を通じて相手方に自社の重要なノウハウ，技術情報，製造方法等（秘密情報）が流出するリスクがある。このために，A社，B社それぞれが自己の保有技術をJVへ提供して使用させる際には，慎重に検討して選択する必要がある。

- JVに出向した人材の穴埋めをするために，A社，B社双方共，それぞれの社内において配置転換などの人事調整をする必要性が生じる（既存のアイスクリーム製品の社内事業は継続することを想定しているため）。
- JVで完成した新製品をどのような方法で販売するかについて両社間であらかじめ取り決めておく必要がある。両社それぞれが目指す方向が今後も必ずしも一致するとは限らないので，この調整は難航する可能性がある。
- JV自体の存続期間をどのように考えるか，これは当該新製品だけでは終わらず，場合によってはアイスクリーム事業全般に展開することも想定して存続させるのか等もあらかじめ決めておく必要がある。この調整もアイスクリーム業界でのそれぞれの立ち位置の違いがあり，難航することが予想される。

以上の分析から，このスキームは以下のように結論付けられるであろう。

A社，B社ともにアイスクリームの事業を自社から独立した事業として立ち上げることまでは射程に入れていないこと，合弁会社設立には多大な時間，費用，人的資源を要すると考えられることから，今回のケースには適切ではないと考える。

(5) 企業買収によるコラボレーション形態

企業買収というコラボレーション手段は，新製品を開発するにあたって必要な技術を持っていないか，あるいは持っていてもその新製品開発に回すリソースの余裕がない場合に，その新製品を開発する技術その他の能力を有する相手方の全部または新製品開発に必要な部門を買収することによって新たな製品を開発し，事業を展開することを可能にするものである。

本プロジェクトにおけるコラボレーション形態として企業買収という手段を採る場合には，①A社がB社のチョコレート事業部門とチョコレート関連知的財産，または企業自体を買収し，チョコレートとバニラアイスを組み合わせた新製品を開発してアイスクリーム事業を拡大する。あるいは逆に，②B社がA社のバニラアイス事業部門とバニラアイス関連知的財産または企業全体を買収し，チョコレートとバニラアイスを組み合わせた新製品を開発してアイスクリーム事業を拡大する。この2つが考えられる。

本ケースはかなり大胆なスキームである。自社が相手方に買収されるということはもちろん，特定の事業部門だけを切り離して売却する場合であっても，それはその事業からの撤退を意味する。それにはA社側にとってもB社側にとっても重い決断が必要となる。

この場合，両社それぞれにおいて以下のような得失が考えられる。

- 単に新製品を自社の品揃えに加えるという事業判断を超えて，お互いの企業の存続あるいは業態の大きな変更に関わってくる問題でもある。そのため，慎重な対応が必要であり，実行した場合には両社共にかなり大きなリスクを覚悟する必要がある。
- 相手方のブランドを残す形で従来の事業を作業者も含めて居抜きで丸ごと買収するか，必要な技術要員だけ引き取る形で買収するのかを交渉することになる。後者であれば解雇される人員の処遇など総合的な観点から慎重に考える必要があるが，交渉の難航が予想される。
- 当然，買収する側には買収費用を含め，単に新製品を開発する場合に比して多額の費用負担が生じる。

今回のケースは，アイスクリーム事業において新製品の開発を企図しているものなので，企業買収に要するレベルの費用，時間等は想定外であり，適切ではないと考える。

5　結　論

以上の5種類のコラボレーション形態の分析結果から，A社，B社それぞれの現在の事業展開の方針を踏まえると，今回のコラボレーションのスキームはA社とB社による"共同開発"が最適であると結論付けられる。

6　まとめ

これまで行った分析・検討において重要な見落としがないかなどをチェックするために，検討結果を見やすく整理することは重要である。検討結果を整理した例として，上記で検討したコラボレーション形態の選択肢，およびA社側から見たコラボレーション形態ごとの主要ポイントに関する検討結果（B社側から見た検討結果は割愛）をそれぞれ表にまとめることにする。

検討した選択肢のまとめ

コラボレーション種別 \ それぞれの意向	A社側	B社側
ライセンス	チョコレート関連技術をB社からライセンス導入して新製品を開発	バニラアイス関連技術をA社からライセンス導入して新製品を開発
外部委託	新製品の開発をB社に委託	新製品の開発をA社に委託
共同開発	B社と共同して新製品を開発	A社と共同して新製品を開発
合弁会社設立	A社と合弁会社を設立して新製品を開発	B社と合弁会社を設立して新製品を開発
企業買収	B社のチョコレート事業または会社自体を買収	A社のバニラアイス事業または会社自体を買収

A社側から見た主要項目検討結果

コラボレーション種別	主要項目	A社側検討結果 （自社開発に比べた負担増の有無）	着手後の課題
ライセンス	ヒト	負担増なし；導入技術開発要員節減	・新製品の開発と事業化 ・ライセンス料負担、開発期間／費用節減、新製品売上利益間の黒字化
	モノ	負担増なし；導入技術開発資機材節減	
	カネ	ライセンス料負担増あり；権利侵害リスク低減	
	情報	情報開示不要；ノウハウ漏洩リスクなし	
外部委託	ヒト	負担増なし；開発要員不要	・開発委託費用、新製品売上利益間の黒字化 ・成果物へのB社既存知財利用とライセンス対価の有無
	モノ	負担増なし；開発資機材不要	
	カネ	委託費用負担増あり	
	情報	新製品要求仕様等情報開示必要；ノウハウ漏洩リスク小	
共同開発	ヒト	負担増なし；相手分担開発要員節減	・共同開発体制（場所、設備、人等の分担）の決定 ・新たに生じた知的財産（権）の取扱い
	モノ	負担増なし；相手分担開発資機材節減	
	カネ	負担増なし；原則自己負担	
	情報	新製品自社担当技術情報開示必要；ノウハウ漏洩リスク大	
合弁会社設立	ヒト	負担増あり；既存事業要員との併存；新会社運営要員必要	・合弁企業体制（事業範囲、開発拠点、工場、人員など）の決定 ・両社の出資比率の決定 ・投資金額、新会社利益配分の黒字化 ・既存／新規知的財産（権）の扱い（譲渡かライセンスかなど）を決定
	モノ	負担増あり；既存事業施設との併存；資機材新規調達必要	
	カネ	払込み資本金負担増あり	
	情報	新製品自社担当技術情報開示必要；ノウハウ漏洩リスク大	
企業買収	ヒト	負担増なし；買収人材利用	・買収企業（部門）の人員整理 ・買収金額、新製品売上利益間の黒字化 ・買収した知的財産のクリーン度、第三者権利侵害
	モノ	負担増なし；買収資機材利用	
	カネ	買収金負担増あり	
	情報	情報開示不要；ノウハウ漏洩リスクなし	

Case 2

開発に必須の知的財産を保有する企業との
ライセンス取引をいかに展開するか？

　日本の大手総合電機メーカーであるアート株式会社（以下，A社）は，スマートフォン用の半導体製品の設計，開発を行い，その開発成果を用いた半導体製品の製造を行って顧客であるスマートフォンセットメーカーのコロラド株式会社（以下，C社）に供給をしている。

　一方，スマートフォン市場においては，ユーザーのスマートフォンの多機能化，高機能化への要求が際限なくエスカレートしており，このニーズに応えられないスマートフォンセットメーカーは，たちまち競争の激しいスマートフォン市場からの撤退を余儀なくされる。このために，モデルチェンジが頻繁に行われ，したがって製品のライフサイクルも短く，ハードウェアでは利益を上げることが困難な状況にある。

　このような下流のスマートフォン市場の環境下にあって，上流のスマートフォン用半導体製品業界においても，A社の競合メーカーが乱立状態にある。競争は熾烈であり，生き残りを賭けた合従連衡も頻繁に発生している。

　A社は，このような全般的環境下にあって，スマートフォン市場における半導体製品のシェアを維持すべく，多くの人材をその設計，開発に振り向けている。

　しかし，現有の開発要員だけでは半導体製品，特にコア回路（最重要部分）の設計が追いつかず，顧客であるC社との開発受託契約で強いられる短納期を守ることが難しくなっている。

　この状況を打開しようと，A社は回路設計技術を有する企業を調査した結果，米国のスタートアップ企業であるビクトリア社（以下，V社）が，A社が必要とするコア回路の設計技術を保有していることを見出し，早速，関連部門の交渉チームを派遣してV社とコラボレーション関係を結ぶべく交渉させることにした。

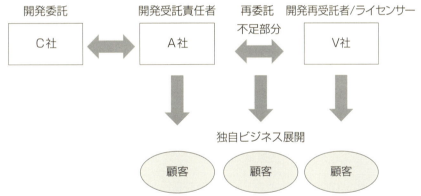

ケース2のポイント

- A社が締結済み開発委託契約において負う納期の遵守を最優先に考えた場合にいかなるスキームが最善かを検討する。
- A社のこれからの事業展開プランに沿ってV社との委託契約の条件を考える。

1 検討の前に

上記の背景を踏まえ，A社の立場に立って，半導体製品のコア回路設計

能力不足を充足するために，いかなる方策を立ててV社との交渉に臨むべきかを多面的に考えてみよう。

2　現状の分析

　上記相関図に示すように，A社はスマートフォンセットメーカーであるC社からスマートフォン用半導体製品の開発・供給を受託している。それに伴ってC社との間で開発・供給委託契約が締結され，そこに納期も指定されている。

　このような契約において，仮にA社が納期を守れなかった場合には，C社に対する債務不履行としてA社は契約に違反することになる。その結果，A社がC社から損害賠償を請求されることもあり得る。このことは肝に銘じておく必要がある。

　一般に，ビジネスを遂行する場合に必須の要素は**納期・価格・品質**である。本ケースの場合には，受注した半導体製品が汎用品ではなくC社からの特注品であり，納期遅れが生じた場合にC社が直ちにセカンドソースから代替品を調達することが不可能である。このため，C社は製造ラインを遊ばせ，予定した新製品発売時期も遅らせて商機を失うことになる。こうした深刻な損害に繋がる取引なので，この場合には**納期を最優先に考える**必要がある。

　したがって，自社による開発だけでは納期に間に合わないと判断される場合には，A社は，躊躇なく第三者の力を活用する決断が必要とされる。

　具体的には，自社の開発力不足が明らかな状況であれば，A社は，必要とする知的財産を保有する設計能力の高い第三者を探し，この第三者を自社の能力不足を補うために活用することが求められる。

　本ケースにおいては，A社は，自社の半導体回路設計能力に不足を来している現状に鑑み，受託納期に間に合わせるために，とりあえず今回は受託した半導体製品の回路設計・開発部分をV社に再委託することを決めた。

同時にまた，将来A社がV社の半導体回路設計技術を利用して独自に半導体回路の設計・開発を行ってビジネスを展開できるようにするために，V社の関連技術と付帯する知的財産権のライセンスを取得するというコラボレーションも視野に入れたい。

3　段取り

本ケースにおいて，読者の皆さんがA社の立場に立って検討するとすれば，まずはどのような段取りでV社とのビジネスを進めるべきかを一緒に考えてみよう。

(1)　段取り1

上記のケース設定で述べたように，自社能力を補うことのできる第三者を選定する際には，まず，複数の候補者を選び出し，必要な場合には**秘密保持契約を締結**したうえで，それぞれ相手の技術力の評価を行うことが必要である。

この段階で注意を払わなければならないのは，A社と候補者の間でお互いに**秘密情報の開示**が行われる点である。

まず，候補者と秘密保持契約を締結し，その後に，それぞれ候補者の技術を比較的短時間で評価し，A社が委託したい製品を開発する能力があるか否かの判断を行う。

本ケースの場合，このような評価と判断の結果，米国シリコンバレーのV社の評価が合格水準に達したということである。

(2)　段取り2

この後A社は，通常であればV社とどのようなコラボレーションスキームにより取引すべきかを検討するステップに移ることになる。しかし，本ケースにおいてはA社はすでに委託者から受注して納期が決められているという特殊な事情を抱えている。このことによって選択肢が限られた結果，

V社とは開発（再）委託というスキームを採用する方針が直ちに固まった。

しかし，事態の緊急性に目を奪われて拙速に開発（再）委託契約をV社と締結して事足りるとするのは，プロジェクト責任者としては失格である。このような緊急時にあっても，より優れたコラボレーションスキームはないかと目を配ることが求められる。

そこで，次のステップとして，既定のV社との開発（再）委託契約の準備と並行して，より優れたV社とのコラボレーションスキームがないか検討することにする。それぞれ想定されるコラボレーション形態における利害得失，難易度などについての比較・検討例を下記4に述べる。

(3) 段取り3

上記のような検討の後，A社は，最適と思われるコラボレーションスキームに基づいてV社との契約交渉を行うことになる。契約交渉を始めるにあたって，A社が事前に行うべき主要な検討事項として，以下のようなものが考えられる。

- V社から使用許諾（ライセンス）を受ける場合の対象技術の範囲の選定
- V社に委託する開発作業の具体的内容や仕様
- ライセンス料，開発委託費用の腹案
- V社への開発委託が実現した場合，A社が顧客のC社から開発受託している案件の納期の達成確認
- 上記を総合的に考慮した上で，A社が利益を確保できるか否かの算定

上記事項の検討が完了したら，いよいよA社はV社との契約交渉をスタートすることになる。

(4) 段取り4

　以上のステップを経てV社との契約が締結されれば，本ケースのコラボレーションが実行段階に移ることになる。

　それでは次に，コラボレーションのスキーム形態別に検討をしてみよう。

4　スキーム形態別での検討

(1) ライセンススキーム

　本スキームにおいては，A社が必要とするV社の半導体回路設計技術についての使用許諾（ライセンス）をV社から取得することにより，A社の従来の設計能力に加えて，A社に不足気味であったコア回路設計能力をV社の優れた回路設計能力で補強することが可能になる。これによってA社は，より多くの顧客から半導体製品を受注し，より迅速に開発することが可能になる。

　こうしたライセンス取得による効果は当然期待されるものであるが，本スキームを実際に採用するにあたって事前に検討，評価を要する事項として，以下のようなものが考えられる。

- A社がV社からライセンスを取得しさえすれば，その後はすべてA社の開発要員だけで所要の半導体製品開発ができるか否かの検討
- V社とのライセンス契約条件の交渉のなかで，V社へ支払うライセンス料を提示する場面が予想される。この場合のライセンス料の相場調査および交渉上限の策定
- 現在受注している開発・供給から見込まれる収益と，ライセンス料の支払金額との短期的，長期的収支バランスの見通し

　以上の分析から，このスキームは以下のように結論付けられるであろう。

　本ケースにおいては，ライセンス取得は現在受注している案件に対する

即効性にやや難点があるものの，中長期的には有効な選択であると考えられる（時間を買うスキーム）。

(2) 共同開発スキーム

本ケースは，Ａ社がＣ社から独自にスマートフォン用半導体製品の開発・供給を受注し，自社の技術を使用した半導体製品を開発している状況である。

受託当事者はＡ社であるので，これからあらためてＶ社と共同開発を行ってまで，受注した半導体製品の開発成果物を得るメリットはＡ社にはない。

また，Ａ社が当面不足している半導体コア回路部分に限定して両者で共同開発することも考えられる。しかし，Ｖ社がすでに単独でコア回路設計能力を十分有している現状では，Ｖ社にこの部分の開発を任せる場合（外部委託）に比べ，Ａ社技術者が参加して共同開発することはむしろ今回何よりも重視すべき開発スピードを阻害する要因となりかねない。

しかも，共同開発スキームにおいては，完成した成果物の扱いも共有になるのが一般的である。このため，将来のビジネスにおいて競合者を増やすリスクも考えられる。

以上の分析から，このスキームは以下のように結論付けられるであろう。

本ケースにおいては，Ａ社とＶ社との共同開発は最適ではない。

(3) 外部委託スキーム

本スキームにおいては，Ａ社だけではすでに受注済みの半導体製品開発・供給委託契約を納期通りに履行することが困難な状況にある。そこで，その遅延の主たる原因である半導体製品のコア回路の開発技術を有するＶ社に当該半導体製品の開発を再委託（アウトソーシング）することにより，

当該半導体製品の発注者と結んだ開発委託契約の履行義務，特に納期を遵守することが可能になる。

上記のような効果が期待されるとして，本スキームを実際に採用するにあたって事前に検討，評価を要する事項として，以下のようなものが考えられる。

- A社からV社への開発再委託費の見積もり
- A社に半導体製品を発注したC社の秘密情報を含む製品情報がV社へ開発委託仕様書の形で開示される可能性がある。この際に余計な秘密情報を開示しないように仕様書内容の精査を行う必要がある。また，そのような情報開示を行う前提として，そもそもC社との開発・供給委託契約において，他社（ここではV社）への再委託が可能となっているかどうか，および秘密保持条項でそのような開示が可能となっているかどうかの確認が必要である。
- V社と開発再委託契約を締結した場合にあっても，一般に，V社が開発委託前にすでに保有していた技術は，開発が完了した後でもV社の知的財産として保持され，A社が自由に利用することはできない。
- 今後も，A社の独自ビジネスとしてスマートフォン用半導体製品開発を行うことが想定されている。その際にV社の半導体回路設計技術を利用できれば，A社は，半導体製品市場における自社のポジション向上に大いに役立つと考えられる。したがって，V社と開発再委託契約を交渉する際に，同時にV社が保有している半導体回路設計技術のライセンスを取得すべく交渉することが望ましい（開発再委託＋ライセンス複合スキーム）。
- A社が半導体製品の開発再委託をV社に行い，V社がその開発を実施した際に創出された成果物をA社に帰属させ，A社がその所有権を主張するためには，V社が開発途上で発明・考案した知的財産の権利がA社に帰属するよう，契約書の中で明確に取り決めておく必要がある。さもな

- いと，新たな発明・考案が発生した場合に紛争の種となる。
- 特に特許出願等を行う場合に，当該特許を両社の共有にするか単独のものにするか等を明確に取り決めておくことが望ましい。
- しかし，V社側から見れば，V社が以前から保有している半導体回路設計技術をA社にライセンスした上，さらに受注した半導体製品の開発途上で発明・考案した知的財産までA社に奪われることは，自社の競争相手を増やすことに繋がるので得策ではない。このため，上記条件の交渉は難航が予想され，V社の保有技術のA社による利用範囲などにかなり制限が設けられ，対価も高く要求されると思われる。その対応策をしっかり準備しておくことが重要である。

以上の分析から，このスキームは以下のように結論付けられるであろう。

本ケースにおいて，A社がV社の技術力を使用してV社に半導体製品の開発を再委託することは，総合的に考えて，現在A社が直面している納期問題をとりあえず解決するためには適切な選択肢だと考える。しかし，今後のビジネスを見据えた長期的観点から見ると，A社はV社に対して**"開発委託＋ライセンス"**という複合スキームで交渉に臨むのが最適な選択肢と考える。ただし，本ケースでは開発納期厳守という制約があるため，ライセンス条件の交渉に時間をとられてV社における開発着手に遅れが出ないよう，例えば開発委託の発注を先行させるなどフレキシブルなプロジェクト推進の工夫が必要である。

(4) 合弁会社設立または企業買収スキーム

本ケースにおいては，V社が米国のスタートアップ企業であり，また開発の目的物もスマートフォン用半導体製品に限定される。また，本プロジェクトの納期が迫っていること，しかし，JV設立や企業買収には時間を要することなどから，この合弁会社設立や企業買収はその目的達成の手

段としては実情に合致せず，また，実現可能性，目的物の開発に要する時間を勘案すると，いずれの手段も本ケースには適切ではないと考えられる。

以上の分析から，このスキームは以下のように結論付けられるであろう。

本ケースにおいては，これらのスキームはいずれも不適切である。

5 結論

以上の5種類のコラボレーションスキームの分析結果から，A社，V社それぞれの現在の事業展開の方針を踏まえると，A社がV社の技術力を使用してV社に半導体製品の開発を再委託することが，総合的に考えて直面している納期問題をとりあえず解決するためには適切な選択肢だと考える。

しかし，今後のビジネスを見据えた長期的観点から考えると，A社はV社に対して**"開発委託＋ライセンス"**という複合スキームで交渉に臨むのが最適な選択肢と考える。

6 まとめ

上記で行った分析・検討において重要な見落としがないかなどをチェックするために，検討結果を見やすく整理することは重要である。検討結果を整理した例として，上記で検討したコラボレーション形態の選択肢，およびA社側から見たコラボレーション形態ごとの主要ポイントに関する検討結果（V社側から見た検討結果は割愛）を，それぞれ表にまとめることにする。なお，本検討例においては，ビジネス関係を端的に示す要素であるヒト，モノ（情報も含む），カネ，納期，品質，価格の面から検討する。

本検討例はA社の立場から行ったものであり，A社にとっての金銭負荷あるいはリスク負担の有無をスキーム別に一覧に示したものである。

また，表に記入した評価結果は評価の考え方や整理方法を示すことを目

的として例示したものであり，現実のビジネスにおけるそれぞれの企業の実態，力関係，市場環境，経営環境などが変われば，当然金銭負担やリスクは大幅に変化する。このことを理解して，表にとらわれずに実際のプロジェクトに適した評価項目を設け，冷静かつ合理的に評価を行うことが重要である。

また，ビジネスを遂行する観点から検討・判断すべき事項は，自分が義務を負う立場になったとして考えてみると，自ずと危険感覚が働き見落としが少なくなる。

○　負担あり
×　負担なし
△　不明

主要項目 \ コラボレーション種別	ライセンス	外部委託	共同開発	JV	M&A
ヒト	×	×	○	○	○
モノ	×	○	○	○	○
カネ	○	○	△	○	○
納期	V社責任	V社責任	A社,V社の共同責任	A社,V社の共同責任	A社責任
品質	V社責任	V社責任	A社,V社の共同責任	A社,V社の共同責任	A社責任
価格	A社責任ライセンス料査定	A社責任委託費用の査定	A社,V社が共同負担	A社,V社が共同負担	A社による買収費用査定

A社はV社との関係のみならず，A社の主力事業である半導体開発受託市場におけるビジネスポジションを考慮する必要がある。たとえば，納期，品質，価格の面において自らの半導体製品のビジネスを進める上で採算が

とれるか？　利益が出るか？　開発の日程と顧客の要求納期との調整ができるか？　など市場競争力を視野に入れた上でスキームの適否判断を行うということである。

Case 3

自社技術を
デファクトスタンダード化する
ライセンス戦略とは？

　日本の大手食品メーカーであるドナルド社（以下，D社）は，日本をはじめ世界の主要国にビスケット等を含む自社ブランドの菓子製品を販売している。最近は，海外競合企業の菓子類が国内に輸入されて売上を伸ばしてきていることから，D社としては，数年後を目標に，クッキーの新製品（以下，新製品）を市場に投入すべく開発プロジェクトチームを立ち上げ，新製品の開発に着手する計画を立てている。このような状況のなか，タイミングのよいことに，D社の研究所がこれまでなかったまろやかな食感が得られるクッキー用原材料（以下，新材料）の開発に成功した。

　しかしながら，D社は元来，クッキー原材料も内製量産する総合菓子メーカーではない。したがって新材料を量産する工場もなく，新材料生産のための新たな設備投資をする余裕もないため，当面は，菓子原材料をもっぱら製造・供給する菓子材料メーカー（以下，材料専業メーカー）に新材料の製造委託をする方針とした。
　D社は，新材料の素材や製造方法に関する特許を出願した上で，展示会や見本市等の公共の場で新製品のクッキーとともに新材料に関しても発表を行い，併せて新材料のライセンスも広く行う方針であることを表明した。

　その結果，ブルガリア企業のビスケ社（以下，B社）が新材料のライセンス取得に強い関心を持ち，D社にコンタクトをしてきた。
　D社の新材料事業化チームのメンバーは，B社からの打診に大いに興味を持ち，欧州市場の調査も兼ねてB社工場を視察するためにブルガリアへ出向いた。この訪欧メンバーの構成は，研究所材料開発主任，クッキー製品事業部主任，購買部門課長の3名であった。

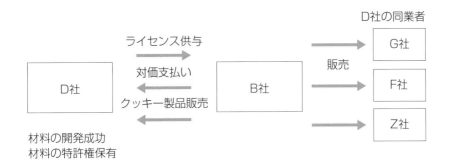

ケース3のポイント

- D社は自分の技術をデファクト化して売上を拡大したい。
- B社はD社のライセンスを取得して自分のクッキー原材料製品の売上を拡大したい。
- B社，D社ともお互いにWin-Winになるようなスキームの検討を行う。

1 検討の前に

本ケースではD社の立場に立って検討を進めることにする。上記のような状況の下にあって，D社がB社とWin-Winの互恵的ビジネス関係を構築していくためには，今後どのようなアクションが必要であるかを考えてみよう。

2 現状の分析

まずD社側の前提条件を整理すれば，次のようになる。

- D社は新製品を市場に投入して売上を拡大することを企図している。
- そのような時期にタイミングよくD社の研究陣が新材料の開発に成功した。
- しかし，D社は新材料自体を量産する工場設備は保有しておらず，また，新しく設備投資するだけの資金的余裕がない。

- したがって，現時点では新材料の量産にあたっては材料専業メーカーに製造を委託し，この材料専業メーカーから供給を受けるしか方法がない。
- なお，D社は菓子材料を本業としていないので，新材料の技術を外部材料メーカーにライセンスしてもよいと考えている。

一方，B社側の立場は，その打診内容などから見て，次のように判断されるであろう。

- B社は，D社の新材料技術のライセンス取得に関心を持っている。
- B社にとっては，D社から新材料の製造委託を受注するだけでなくライセンスも取得できれば，他のクッキーメーカーにも新材料を販売できるようになるので，ビジネスチャンスがさらに広がることが期待できる。
- しかし，D社からの製造受託だけであれば，D社1社のために新材料の製造ラインを新設することになり，その設備投資と受託利益の費用対効果の面からリスクは大きく，かなり大胆な決断が必要となる。

上記のようなD社とB社の状況を合わせて考えれば，以下のようなことが言えるであろう。

- D社からB社にライセンスを供与するというのは，両社共に一定の満足が得られる選択肢であり得るように思われる。
- また，このようなライセンスという選択肢を後押しする背景として，D社に別の思惑があることが挙げられる。
- その思惑とは，市場に新製品を売り出すことによって，この新材料の味覚がクッキー愛好者の間に広く認知され，ひいてはこの新材料が業界全体の主流となった場合，多数のクッキーメーカーが新材料を使用する状況になる。これは，新材料がデファクトスタンダード化するということであり，ますますクッキー愛好者による味覚の受容が加速される。D社

としては，新材料を起爆剤としてクッキー製品全体の需要を再喚起して市場規模を拡大させるという好循環に導きたいということである。
- また，D社販売部門の力量次第ではあるが，新材料を使用したクッキー新製品の市場規模が拡大すれば，D社の売上も伸びることが大いに期待できる。
- しかし，このような展開にするためには，この新材料が潤沢に，しかも比較的安価でクッキーメーカーに供給されることが前提となる。したがって，この新材料技術をD社が独占することなく，広く材料メーカーにライセンスし，市場に開放することによって新材料供給環境を整えることが求められる。
- 上に述べたような点に加え，D社が新材料技術をライセンスすることのメリットとして，次のようなことがある。D社にとっては，B社から安価に新材料を調達することができれば新製品の製造原価が下がってD社の利益が増大したり，価格競争力が向上したりする。D社がB社にライセンスを供与するとともに他社への販売も許せば，B社には製造規模を拡大させる余地が生じる。その量産効果によって新材料の製造原価も下がる可能性があり，結局D社が新材料を安価に調達する目的も達せられるという直接的メリットも期待されることになる。

3　段取り

上記の現状分析に基づき，以下の段取りで本ケースを推進することになるであろう。

(1)　段取り1

上記のように，D社の意向として新材料をデファクトスタンダードにしたいということがある。このためには新材料のブランドイメージを損なわないレベルの品質水準と生産能力を有する材料メーカーに，新材料技術のライセンスを広く供与することが有効と考えられる。まずはライセンス生

産の引合いのあったB社とのライセンス取引交渉を開始する。

　ただし，新材料技術のライセンスを供与する意思があることは展示会等の場ですでに公表してあることから，引き続き別の材料専業メーカーとのライセンス取引も排除せず，他社も常にライセンス供与の候補の射程範囲に入れておく。

　また，ライセンス交渉を始める前提として，そもそもライセンスというコラボレーションが果たして最適なスキームなのかどうか，別のスキームと組み合わせることでより優れたコラボレーション効果を得る余地はないかなどを検討する。このコラボレーションスキームの検討については下記第4節に述べることとする。

(2) 段取り2

　B社とライセンス交渉を始める前に，まずD社，B社間で秘密保持契約を締結する。その上で，双方が互いに一定の企業情報，技術情報を見せ合ってライセンススキームの実現可能性を検討する。

(3) 段取り3

　技術的および経営的観点からある程度の見通しが得られた段階で，D社からB社へライセンス契約の基本的条件を提案するとともに，4で述べるスキーム別検討結果を反映させて，B社がライセンス生産した新材料をD社が調達するための取引基本条件も一緒に提案し，両方を絡めて具体的な交渉を開始する。

(4) 段取り4

　交渉により基本的条件が合意に達した段階で，いったんメモランダム（覚書）を締結する。その上で，両社が社内で内容を再確認し，必要であれば社内上層部の承認を得る手続きを行う。

　両社のいずれにおいてもライセンス契約の締結に向けてのゴーサインが

出れば，いずれかが最終契約書草案を作成し，相手方に提示する。

(5) **段取り5**

最終契約書草案を受領した側は，その内容や条文がこれまでの合意事項を正しく反映しているか，どこかに落とし穴や不備がないかを精査する。問題点や不明点があれば直ちに相手方に質問するか，あるいは修正案を逆提案する。

このようなやりとりを繰り返して，双方が最終的に合意した契約書草案を作成する。

(6) **段取り6**

上記のような過程を経て最終契約案が合意に達したら，その最終的文書をもとに契約を締結し，本件コラボレーションが開始されることになる。

なお，上記で想定したライセンス契約と新材料売買取引契約とを合わせた複合契約にしてもよいが，交渉の成り行きによっては別々の契約として締結する。

4 スキーム形態別での検討

上記のように本ケースにおいては，D社では，新材料を用いた新製品を開発・販売することで業績向上を図る事業方針が採用された。しかし，そのためには当面は新材料の調達には外部の製造能力に頼らざるを得ないという問題がある。

この問題を解決する方策として，上記の分析と結論で示したように，単に新材料の製造・供給を外部委託するのではなく，外部の材料メーカーに新技術を広くライセンスする。そしてそのライセンス戦略によって新材料を可能な限りデファクトスタンダード化させる。D社では，新材料技術を独占利用し，外部委託するよりも，こうして安価に新材料を調達できる環境を整える方がメリットがあるとの判断が下されている。

しかし，このような事業方針や戦略の決定にあたって最も注意し，避けなければならないことは，世間で常識とされているから，あるいは偉い権威者が言っているからというような先入観や思い込みをベースとして判断を下すことである。現実のビジネスは一般論が当てはまることはまずないと考えてよい。戦場と同様に現在直面している状況に応じて臨機応変な方策を柔軟に立てることが求められる。

本ケースも，一応現状においては上記のような結論が導かれるわけだが，その結論が社運を左右する可能性があることを考え，さらに優れた選択肢はないだろうかと目配りをする慎重さが求められる。

そこで，考えられる選択肢をいくつか取り上げて，本ケースに適用する場合のメリット，デメリットを以下で比較検討してみることにしよう。

なお，下記に取り上げた選択肢は例示に過ぎず，実際にはケースごとに検討すべき選択肢は異なる。また，それぞれの選択肢を比較検討することは重要であるが，その最良の選択肢をもって結論とするのではなく，さらに選択肢同士を適宜組み合わせた方が現実に適合する選択肢となる可能性があることも視野に入れて検討を進めるべきである。こうしたことにも十分留意すべきである。

(1) 外部委託スキーム

新材料の開発は一応完了しているのであるが，将来，新材料の改良などをB社を含む材料メーカーに開発委託することはあり得る。

一方，開発済みの新材料を自社の新製品に用いるためにD社からB社へ製造・供給を委託するにあたっては，B社は既存の材料との混合を避けるために製造ラインを新設する必要がある。そのような設備投資費用などがD社が委託した製品の価格に跳ね返り割高となる。このため，ライセンス供与という手段があるのであれば，現状ではこのスキームは適切ではない。ライセンス取引が不調に終わった場合の次善の策となろう。

以上の分析から，このスキームは以下のように結論付けられる。

本ケースでのD社からB社への外部委託は，現状では適切ではない。

(2) 共同開発スキーム

すでにD社は新材料の開発を完了しており，D社のみが新材料に係る対象特許を保有している状態である。

この新材料に対する改良品をB社と共同開発して知的財産権を共有することになった場合，新材料技術のD社による独占体制が崩れ，新材料に関する技術の支配力が減じることになる。D社がそのような開発能力に不足を来していない現在，このスキームはD社にとって何のメリットもない。

しかし，将来，クッキー業界における開発競争が激化してD社の開発能力では追いつかなくなれば，クッキー製品を含めD社とB社でさらなる新材料や製品の開発を共同で行う可能性はある。

以上の分析から，このスキームは以下のように結論付けられる。

本ケースでのD社，B社間での共同開発は，現状では適切ではない。

(3) ライセンススキーム

すでにD社は新材料の開発を完了しており，新材料に係る特許などの知的財産権を保有しているのはD社のみである。そして，D社から新材料技術のライセンスを取得したいというB社の意向がある。

D社も，新材料をクッキー業界におけるデファクトスタンダードとするためのライセンス戦略の一環として，B社に新材料技術をライセンスすることには前向きである。

また，D社は自社の新製品に用いるために新材料を外部に製造・供給してもらう必要がある。その供給をB社に発注するにあたって，外部委託す

るよりもB社にライセンス生産させて調達する方が安価になる可能性が高い。

このように，新材料技術をB社にライセンスすることは，D社にもメリットがあるスキームになると考えられる。

以上の分析から，このスキームは以下のように結論付けられる。

- 本ケースでは，D社からB社へ，新材料の知的財産権のライセンスを行う。
- その上でD社は，B社がライセンス生産した新材料を好条件で自社新製品用に購入する。
- ただし，ライセンス契約条件は，お互いにWin-Winになるような条件にすることが大事である。

(4) 合弁企業設立，企業買収スキーム

本ケースは，D社が自社で開発した新材料をいかに生産・調達するか，そしてそれを用いた新製品をいかに開発・製造・販売するかということが課題である。

これらの課題の中で，D社は新製品の開発・製造・販売の能力はすでに保有しているが，新材料の製造能力を有していない。このことを考えれば，材料製造技術を有する企業と合弁会社を設立するかあるいはそうした企業を買収することによって新材料の製造能力を獲得することも1つの方策ではあり得る。

しかし，最初の状況設定でも述べられているように，D社は現時点では新材料製造のための設備投資をする余裕すらないのであるから，巨額の資金を要する合弁会社設立あるいは企業買収は，本ケースの解決とはなり得ない。

以上の分析から，このスキームは以下のように結論付けられる。

本ケースでは，合弁会社設立も企業買収も実状に適さない。

5 結 論

- 本ケースでは，D社からB社へ新材料に関する知的財産権のライセンス供与を行う。
- その上でD社は，B社がライセンス生産した新材料を自社新製品用に購入する。
- この際，ライセンス契約の条件は，お互いにWin-Winになるようにすることが大事である。
- また，D社としては，B社から新材料を購入する際に有利な取引条件を勝ち取るために，ライセンサーという立場を活用する。

第3章

ケーススタディ
その契約にはどのようなリスクが潜在しているか？

　本章では，ビジネスを遂行する上で，比較的頻繁に発生するビジネススキームの具体例を7件取り上げて，それらのスキームで取り交わされる契約の中に潜むリスクを明らかにする。そして，いかにそれらのリスクに対処すべきかについて述べていく。読者の皆さんは，これらの例は氷山の一角に過ぎず，日ごろ関わるビジネスにはさらに多くのリスクが存在すること，また，その対処方法も多種多様であることを理解していただきたい。さらに，この具体例を通して得た考え方を日常業務の中で活かしていただきたい。

Case 4

契約書文言に潜む落とし穴に注意！

　朝井電子株式会社（以下，A社）は，パソコン用ディスプレイを開発・製造・販売する日本の上場企業である。A社の開発部門は，昨今のスマートフォンなどの小型画面に対する顧客ニーズに応えるべく，かねてから小型ディスプレイをより高精細に表示することができるソフトウェアのベンダーを探していた。そうしたところ，国内の板東ソフト株式会社（以下，B社）がA社の望むようなソフトウェアを保有していることが判明した。

　その後直ちに，B社からB社の保有するソフトウェア（以下，本ソフトウェア）の使用ライセンスを受けるべく，A社の交渉チームがB社に出向いて契約交渉を行った。コスト競争が厳しいディスプレイ業界にあって，A社の交渉チームは何とか本ソフトウェアのランニングロイヤリティを3％未満に押さえたいと考えていたが，B社の提示するライセンス料は予想外に高額で採算性の問題が懸念された。そこで，A社の開発部長は，「本ソフトウェアを当社のすべてのディスプレイ製品の標準ソフトウェアとして搭載したいと考えている。ついては是非とも対価の引き下げを検討して欲しい。」とB社に提案した。

　この提案を受けてB社は，本ソフトウェアをA社のすべてのディスプレイ製品に標準装備として搭載してくれるのであれば，ランニングロイヤリティを2％にしてもよいとして値下げに応じてくれた（最初の提案では5％）。

　本ビジネスの開発責任者でもある開発部長はこの条件に同意し，自社の法務部の担当者にその条件を含んだ形のライセンス契約ドラフトを作成させてB社に提案した。最終的にドラフト通りにB社と合意され，A社の経営会議の承認も得て本契約は締結された。

注）ライセンスは，B社ソフトウェアをA社のすべてのディスプレイ製品に組み込むことが条件とされている。

ケース4のポイント
- B社は本ソフトウェアのライセンス収入を増やす手段として，市場において広範な製品に採用してもらい，可能であればデファクトスタンダードの地位を獲得したいという意図を有している。
- A社は可能な限り本ソフトウェアのライセンス料を安くして自らの小型ディスプレイ製品の売上を拡大したいという意図を有している。
- 双方の意図を勘案しながら，最適なスキームを考える。

1 検討の前に

　企業において何らかの事業プロジェクトを立ち上げるにあたっては，特に他社とのコラボレーションを立案する際には，その事業が技術的に可能であるかという技術的検討を行うことは当然として，長期的に見て利益が見込めるかという経営的検討も欠かせない。

　また，コラボレーションにおける契約条件を設定するにあたって，当面の損得勘定のみで適否の判断をすると大きな落とし穴にはまる恐れがある。契約が長期にわたって拘束力を持つことを常に意識して判断をすることが求められる。

　契約交渉において相互の利害が衝突して暗礁に乗り上げても，欲張って自己の利益だけを主張せず，相手方の意図を尊重し，譲歩する姿勢，すなわちWin-Winの視点から妥協点を探ることが肝要である。そうすれば，

ビジネス契約である以上，落としどころを見出すことはほとんどの場合可能である。固定観念にとらわれずに常に柔軟な発想で交渉に臨むことが重要である。

本ケースを進めるにあたってA社がまず行うべきことは，自らが希望するソフトウェアベンダー（以下，ベンダー）を探すために，有力なベンダー候補を数社見つけ，秘密保持契約を締結し，そのベンダー候補のソフトウェアの評価を行って比較検討する必要がある。

この際に，単なる評価用資料を受領するための秘密保持契約を締結する場合と，同時に評価用ソフトウェアも受領して試用するための一種のライセンス契約を締結する場合の2通りがある（後者の場合，受領したソフトウェアや付随する資料の秘密保持条項ももちろん含まれる。それに加えて受領したソフトウェアを自社ディスプレイを表示するためにインストールして試用することを目的としたコピーおよび評価行為を許諾するライセンス条項も含む）。

特に評価ライセンスを取得する場合にあって，相手から本ソフトウェアのソースコードを入手するときには，特にそのソースコードは評価目的のためにのみ使用するよう注意しなければならない。たとえば現状での本ソフトウェアの評価の範囲を越えてソースコードを改変したり，迂闊にリバースエンジニアリングをしたりしないようにすべきである。

また，もしA社のディスプレイと組み合わせるために何らかの改変作業が必要であれば，契約の中にあらかじめその旨を記載しておかなければならない。

たとえ，このような評価段階であっても，評価実務を行う従業員，特に技術情報や本ソフトウェアに直接アクセスするエンジニアには，契約義務について周知させる必要がある。さもないと，上記のような許諾されていない改変作業などを行ってしまい，契約違反に問われ，本番のライセンス契約どころではなくなり，場合によっては損害賠償問題に発展するおそれすらある。

2 経営的観点からの現状分析

　上記の技術的検討によりA社の求める高性能ソフトウェアのベンダーが見つかった場合，続いてそのような高性能ソフトウェアを用いたA社の小型ディスプレイ製品について，①どれくらいの期間売れ続けるか，言い換えればこの製品を市場から駆逐する新製品がいつ頃出現するかという製品ライフサイクルの想定，②今後の小型ディスプレイ市場においてその技術的優位性と価格競争力によって競合製品とどの程度市場を分け合うことになるかというシェアの推移予測を行う必要がある。そして，③それらを踏まえた製品ライフサイクル中の累計売上高と利益の見積りを行う。さらに，①，②，③を踏まえてソフトベンダーに支払うライセンス料はどの程度に抑えなければならないかを検討することになる。

　このような経営的観点からの検討結果は，今後想定される**ライセンス交渉の基本的指針となる**ものである。交渉の成り行きによっては，ライセンスというスキームの採否を左右する判断基準ともなる重要なものである。

　技術的観点からの検討と経営的観点からの検討は，どのような事業プロジェクトにあっても車の両輪であり，いずれが欠けてもプロジェクトは絵に描いた餅と化すことになる。

　したがって，これらの事前の検討には常に会社の全知全能を傾け，総力を結集して取り組む必要がある。これらの検討を疎かにし，幹部などの思いつきだけで事業を行えば，**事業の失敗にとどまらず会社を存亡の危機に陥らせる**ことにもなる。こうした例は枚挙にいとまがないということを肝に銘じておくべきである。

　特に，プロジェクトの采配を直接揮うプロジェクト責任者は，全力を尽くすことはもちろん，調べや考察が及ばない事柄については，上司の"決断"を仰ぐことが大事である。調べればわかることを調べず，考えればわかることを考えずに手を抜く怠慢は許されない。たとえそのような手抜き（拙速）が上司の指示であっても，駄目なものは駄目と直言する勇気を

もって全力でプロジェクトを推進（撤退判断も含む）することが求められる。

3　段取り

　本ケースは，コラボレーション形態としては，ライセンススキームをすでに選択しているという状況設定ではあるが，たとえこのように本件について強い発言力を持っている開発部長の指示があったとしても，上記でも触れたようにライセンススキームに勝る他の選択肢を全く検討しなかったということがあれば，やはり怠慢でありプロジェクト推進上許されることではない。

　したがって，プロジェクトチームにおいては，結論に至る前段階で，コラボレーション形態別の比較検討が行われたはずである。実際にはどのようにしてライセンスというスキームを決断するに至ったかを考察してみよう。

(1)　ライセンススキーム

　本ケースの場合には，多くの顧客が望む高精細の小型ディスプレイ画面を実現させるソフトウェアをA社が早急に必要としている状況にある。それには，その要求を満たす既成のソフトウェアのライセンスをB社から取得することが早道であり，適切な方法であると考えられる。

　以上の分析から，このスキームは以下のように結論付けられる。

　本ケースでは，ライセンスというスキームは適切である。

(2)　外部委託スキーム

　A社のディスプレイビジネスは単発的ではなく継続的なビジネスであるので，将来のことを考えてB社も含めたソフトウェアベンダーに全く新しいソフトウェアの開発を外部委託することは，考えられないことではない。しかし，それには多大な時間と資金が必要である上に，果たしてB社の既

存ソフトウェアと同等以上のソフトウェアが開発できるかは未知数である。そのため，本ケースの状況では迂遠に過ぎると思われる。A社はすでに大型ディスプレイ用の駆動ソフトウェアの利用技術については有している。このことを考慮すれば，B社既存ソフトウェアのライセンスを改変権付きで取得し，そのソフトウェアを自社のディスプレイ装置に適合させるために改変することの方が，外部委託する必要がなく，得策であると考えられる。

以上の分析から，このスキームは以下のように結論付けられる。

本ケースでは，B社既存ソフトウェアと競合する新しいソフトウェアの開発を外部委託することは，現状では適切ではない。

(3) 共同開発，合弁企業設立，企業買収スキーム

本ケースにおいて，共同開発を行うということは，B社あるいはその他のソフトウェアベンダーと新たなソフトウェアを開発することを意味する。それは，上記の外部委託の検討を行った場合と同様の理由で適切でない。

次に，合弁会社設立については，B社との合弁会社であれば，B社がB社既存ソフトウェアの権利を合弁会社に譲渡，またはサブライセンス権付きでライセンスすることになる。そしてA社は合弁会社からそのソフトウェアのライセンスを取得するというスキームになる。

この場合，A社が直接B社からライセンスを取得するスキームと比べると，自社の傘下の企業からライセンスを取得することによる多少有利なライセンス料は期待できる。しかし，合弁会社設立とその運営に要する多大な資金を考えれば，決して好条件であるとは考えられない。よほど合弁会社として大きな利益が見込まれるということでもない限り，本ケースでは適切でないと考えられる。また，B社以外の企業との合弁会社であれば，当然B社既存ソフトウェアに対抗できる新ソフトウェアを開発することが企業使命となる。よって，上記の外部委託の検討を行った場合と同様の理

由で適切でない。

　最後に企業買収はどうかといえば，これはB社を買収するという意味になるので，B社の商品である既存ソフトウェアのライセンスを取得することとは次元の異なる多大な費用が掛かることになる。確かに企業買収をすればライセンスにおいて契約違反を侵（おか）すなどの心配はなくなり，B社のソフトウェア技術を独占できるので競合メーカーに対して有利になるという戦略的効果も期待できる。しかし，本ケースの設定目標を最も効率的に実現するという観点でみれば，費用対効果の面で本ケースには適切でないと考えられる。

　以上の分析から，本ケースでは，共同開発，合弁会社設立，企業買収のいずれも適切ではない。上記のスキーム形態別の検討結果を総合すれば，最終的に以下のような結論となる。

　本ケースでは，ライセンススキームが最適である。

4　契約書に潜む落とし穴

　上記の結論に基づいて，最初の状況設定の通りA社とB社との間でB社既存ソフトウェアについてのライセンス契約が結ばれることになった。

　しかし，前節のようなコラボレーションのスキーム選択の考え方は別として，契約条件の検討段階で慎重さを欠くと契約には大きな落とし穴が潜むことがある。ここではこの教訓をライセンス契約に含まれる問題条文を通して学ぶことにしよう。

　本ケースにおいて結ばれたライセンス契約の中に，たとえば下記5に示した**第4条第5項のような条文が含まれていた場合には，大きなリスクを生じる**ことになる。すなわち，変化の速いIT業界にあって，ライセンシーが既存の，あるいは今後開発する予定のすべてのディスプレイに本ソフトウェアを搭載することを契約義務とすることはそもそも無理な話である。

このように相手に約束をした後に，もし顧客ニーズが変わって本ソフトウェアを搭載したディスプレイが売れなくなった場合には，搭載しない新製品を発売せざるを得なくなる。こうした場合に，相手方に対する契約違反になり損害賠償を請求されるおそれがある。

のみならず，場合によってはライセンスが取り消され，本ソフトウェアを搭載した製品まで販売ができなくなる。こうなれば，本ソフトウェアを使った製品の工程仕掛品がすべて無駄になり，すでに受注済みのディスプレイがあればその顧客へ納品できなくなり違約金も生じる。このように，損害が広範囲に及ぶおそれがある。

また，この契約では，最初の状況設定で述べたように，ライセンス対価を安くすることの交換条件として，本ソフトウェアをすべてのディスプレイ製品に搭載することにした経緯がある。後で契約条件を再交渉する場合においても，**このような安請け合いをしたことが交渉を不利に導く重大な問題につながる。**

ライセンス取引においては，対価の優遇を得る努力は惜しむべきではない。しかし，対価減額という数字に目が眩んで，技術的にみて約束を厳守できないような相手方の提案は決して受け入れるべきではない。仮に技術陣との相談の上で努力すれば何とか実現可能であると思われる場合でも，その確実性に少しでも疑いがあれば，提案を受け入れるとしても努力義務にとどめるか，または率直に，こうした義務の履行は，進歩が早いこの業界では現実的でない旨を説明して，他の現実的代償を逆提案して相手に検討してもらうべきである。

5　対応契約条項の検討

それでは，問題となる条文の例を記載する。

第4条（使用許諾等）
 1．ライセンサーはライセンシーおよびその子会社に対し，本契約目的の

ために，本ソフトウェアをライセンシーおよびその子会社が使用，複製または改変，バグ修正，言語変更（以下「改変等」という）することができる全世界における非独占，譲渡不可の権利を許諾するものとする。
2. ライセンサーはライセンシーおよびその子会社に対し，本製品をライセンシーおよびその子会社が使用，開発，製造，販売することあるいは代理店に販売させることができる全世界における非独占，譲渡不可の権利を許諾するものとする。
3. ライセンサーはライセンシーおよびその子会社に対し，本契約目的のために，本ソフトウェアをそのまま，または改変等して本製品に組み込む際に，必然的に実施する，ライセンサーが保有する特許権，実用新案権，著作権，回路配置利用権またはノウハウを実施することができる全世界における非独占，譲渡不可の権利を許諾するものとする。
4. ライセンシーが指定する第三者がこの契約の定めを遵守することを条件に，ライセンシーが事前に書面による申し出を行い，ライセンサーがこれを承認した場合，ライセンサーはライセンシーに対し，ライセンシーが当該第三者に本ソフトウェアを使用させ，複製させ，または改変等させ，および本製品を使用させ，開発させ，製造させることができる全世界における非独占，譲渡不可の権利を許諾するものとする。なお，ライセンサーは，ライセンサーが承認した当該第三者に対し，前項に規定された権利についても許諾するものとする。
5. **本契約第4条における使用許諾条件および第6条における対価条件は，ライセンシーのすべてのディスプレイ製品に本ソフトウェアを組み込むことを条件とするものとする。**

　上記の第4条第5項に規定する条文について相手と合意することは，前節で述べたように非常に高いリスクを負うことになるため，本ケースでは不適切である。

もちろん，このような"すべての製品"というような実質的に適用範囲が無制限となる表現を含む条文は，本ケースに限らず，他のライセンス契約などにおいてもリスクが高いことはいうまでもない。さらにここで注意すべきことは，上記条文例のように，両当事者の最大の関心事であるライセンス範囲に関する条文が並んだ後にただし書のような一見目立たない形でこのようにリスクの高い条文が付されていることである。技術部隊が契約書に無関心であり，しかも技術知識が浅い法務知財部隊が契約レビューを任されるような場合には，うっかり見過ごして落とし穴に嵌まってしまうおそれがある。隅々まで危機意識を持って契約レビューをすることが大事である。

　契約交渉では一方的主張が通ることは稀である。常にお互いの利害を主張すると同時に譲歩もしなければ契約はまとまらない。

　たとえば「本ソフトウェアをできるだけ多くのA社製品に使用してもらい，将来デファクトスタンダード化したい」というB社の意図がある。A社がこのことを多少なりとも契約に反映させなければ契約締結自体が頓挫するおそれがある。このような何らかの事情で"すべてのディスプレイ製品を対象とする"という表現を記載せざるを得ない場合でも，以下に示す条文例のように記載すべきである。つまり，B社の意図を汲んで顔を立てるが，A社にも商業的に可能な範囲で実行するという態度を示しておくことである。

「5　本契約第4条における使用許諾条件および第6条における対価条件は，ライセンシーのすべてのディスプレイ製品に**本ソフトウェアを組み込む商業的に妥当な努力を行うことを条件とするものとする。**」

　上記修正案は努力義務といわれる極めて曖昧な表現の条文である。契約交渉において双方が譲らず，交渉が暗礁に乗り上げた場合に，双方の顔を立てる便法としてこのような玉虫色の条文が使われることがある。

　繰り返しになるが，本来は，上記第5項のような条文はリスクが大きすぎるので全文削除すべきである。

Case 5

標準技術に係わる契約締結をする場合の留意点

　カクテル社（以下，Ｋ社）は，多岐にわたって通信・情報機器（以下，IT機器）の開発・製造・販売を行う大手企業カンタル社（以下，Ｑ社）の100％子会社である。Ｋ社自身はIT機器間の接続に用いられるインターフェース機器の開発・製造・販売に特化した企業である。

　IT産業においてはこのインターフェース機器の分野も含め，技術は特許や著作権などで保護されている。技術の優れた製品は一人勝ちする傾向が強く，少しでも技術が劣る競合製品はほとんど生き残れずに寡占化が進む，といった苛烈な技術競争の世界である。このため，自社の技術仕様を大多数の企業が採用するようなデファクトスタンダードにすべく，仲間作りをする動きが極めて盛んである。

　このような業界環境にあって，あるとき，Ｋ社の法務部門に対してその開発部隊から，IT機器間のデータ授受に関するインターフェース規格としてデファクトスタンダードとなっているある技術仕様の利用規約受諾契約書（以下，本利用約款）を受諾し締結をしたいので問題がないか検討して欲しい旨の要請があった。開発部隊によれば，本利用約款を締結しないと改訂された最新仕様の開示を受けられず，また，情報交換会などの場にも今後参加もできなくなるとのことであり，Ｋ社開発部隊としては是非本利用約款を締結したいとのことであった。

　この検討依頼を受けた法務部門は，本利用約款の内容を見た限りではＫ社自身にとっては大きな不利益はないと判断し，開発部隊には本利用約款を受諾し締結してもＫ社にとって特に問題ない旨の検討結果を伝えた。なお，上記の検討や判断は親会社のＱ社には情報を上げず，あくまでＫ社社内のみの閉じた形で行われ，Ｋ社内のみの稟議により本利用約款は決裁され，締結された。

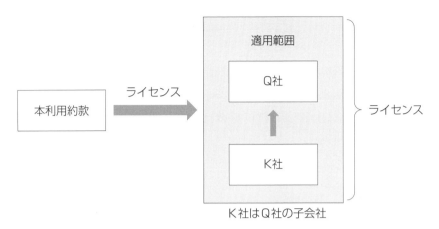

注）上記約款は，調印者のK社だけでなく親会社のQ社など関連会社すべてを拘束する内容となっている。

ケース5のポイント

- K社は自らのIT機器の売上を拡大したいために本利用約款に調印したが，調印によるメリットに注目するあまりデメリットを等閑視すると，思わぬ落とし穴に嵌まるおそれがあるので注意すべきである。
- 本ケースのような技術導入に関する契約がその技術を実際に利用する技術部隊の主導で進められたことはある意味当然である。しかし，契約は企業内の一部門を拘束するだけではなく企業全体を拘束する性質のものであるため，常に全社的影響の有無についての目配りが必要で，全社の契約に関わる部署である法務知財部門はそのような目配り機能の一翼を担うことが求められる。
- 特に企業が親会社や子会社などの関連会社を有する場合には，自社の契約といえども関連会社への影響の有無にまで視野を広げてチェックすることが求められる。

> **Column**
> "約款"は契約書の一種であるが，この契約書に記載されている契約条件については原則として交渉は受け付けられず，この契約条件をそのまま受諾するかあるいは受諾できない条件が含まれていれば取引をあきらめるかの二者択一であるような契約の形式を指し，銀行ローンや本件のような標準ソフトウェアのライセンスなど同一条件の取引相手が多い場合によく用いられている。

1 検討の前に

　本ケースの目的は，読者の皆さんに英文契約書を読んで英文読解力を鍛えてもらうことでも，K社が本ライセンスを取得すること自体の適否を分析・検討する練習をしてもらうことでもない。このような定款を締結したとした場合に，**その中に潜む企業リスクを見つけ出すとともにその対処方法あるいは教訓を得る**ためのシミュレーションをすることである。

> **Column**
> 参考までに，約款契約の一例として，実在するインターフェース規格の1つであるUSB3.0のAdopters Agreement（使用約款）全文がこの規格の管理団体であるUSB Implementers Forum, Inc.のウェブサイト（http://www.usb.org/home）に掲示されているので，関心がある方はご覧いただければと思う。

2 現状の分析

　K社が本使用約款を締結したことによる今後の影響としてどのようなことが考えられるか。まず，K社の法務部門は開発部隊の本件技術導入を是非したいという熱意に押された形で本使用約款の締結には問題ないとの判

断を下した。次に経営幹部はその技術導入のメリットと法務部門の見解をベースに決裁して本使用約款は調印され締結された。果たして本使用約款の内容に本当に何も問題がないのかを，事後ではあるが再度精査してみることにする。

　一般に，このようにいったん決断が下された事案に対して事後に問題点を掘り返すことは好まれないのであるが，自分の落ち度であろうがなかろうが，**問題に気付けば直ちに指摘して手遅れにならないうちに対応措置を講ずることこそ自分と会社を守るために最も大事なことである。**
　このようにいったん締結された契約でもその契約が終了するまで目を離さず，問題点が発見されれば直ちに可能な限りの措置を講じ，もはや手遅れでも以降の事業に対する経験値，教訓として引き継ぐということは，企業であれば誰かがやらなければならない大事な作業である。これは決して後ろ向きの仕事ではない。

　そういう意味で，本ケースにおいて契約検討に時間がかかっては開発のタイミングを失すると判断し，やや独断専行気味に本使用約款を締結したのであれば，その決断自体は責められるべきではない。要はその後に技術導入のメリットを生かしながらその他の問題を抑制すべくどのように対処したかによってK社の行動が適切であったかどうかが評価されるべきである。
　本使用約款を精読すればいろいろな懸念事項が見出されることと思うが，まず懸念される点は，K社が本使用約款を締結することにより，**本使用約款でK社が負う義務が，親会社のQ社にも適用されることになっていること**である。
　したがって，今回K社はQ社に諮らずにK社の独自の判断で締結したため，親会社Q社において何らかのリスクが生じるおそれが見落とされていないかチェックする必要がある。次節で約款条項の検討を行うこととする。

3 本使用約款における条項の検討

下記に本使用約款のうち,特に注意を要するライセンス条項部分を抜き出して示す。

2.1 特許ライセンス義務

(a) 使用者へのライセンス義務

　発起人グループが最終仕様を採用し,事務局が採用期限内に締結済の本使用約款オリジナルを受領した時点を発効日として,発起人グループおよびその関連会社は,**使用当事者およびその関連会社(以下,総称して「ライセンシー」と呼ぶ)** に対して,必須請求項の特許権の下で,適合部分品を製造し,製造委託し,使用し,輸入し,販売勧誘を行い,販売その他頒布を行い,また,その他処分することに限って非独占,全世界のライセンスを許諾する。ただし,このライセンスは,適合部分品が組み込まれた製品であっても,適合部品の一部分にはなっていないその製品の部分や機能にまでは及ぼすことを求められない。上記ライセンスは,**権利使用料無償で,そのほか合理的かつ非差別的な条件で許諾されるものとするが,そのライセンス許諾は,ライセンシーに同条件のライセンス許諾を課すことを条件とすることができる。**

(b) 使用者のライセンス義務

　発起人グループが最終仕様を採用した時点を発効日として,**使用当事者とその関連会社**は,発起人グループおよびすべての使用者ならびにそれらの関連会社(以下,総称して「ライセンシー」と呼ぶ)に対して,必須請求項の特許権の下で,適合部分品を製造し,製造委託し,使用し,輸入し,販売勧誘を行い,販売その他頒布を行い,また,その他処分することに限って**非独占,全世界のライセンスを許諾する**。ただし,このライセンスは,適合部分品が組み込まれた製品であっても,適合部分品の一部分にはなっていないその製品の部分や機能にまでは及ぼすことを求められない。

> 上記ライセンスは，**権利使用料無償で，そのほか合理的かつ非差別的な条件で許諾されるものとする**が，そのライセンス許諾は，ライセンシーに同条件のライセンス許諾を課すことを条件とすることができる。

　下記は，上記のライセンス条項の内容からみて，親会社であるQ社にどのようなリスクが生じるおそれがあるかを検討した結果である。

- 親会社であるQ社が自らの知的財産権を使用して，本使用約款の当事者となった発起人グループ，使用者たち，その関連会社に対する損害賠償請求や差止訴訟等の提起が制限される。
- Q社が自社の知的財産権について他者とライセンス契約を締結し，ロイヤリティを徴収する場合に，本使用約款の当事者となった発起人グループ，使用者たち，その関連会社が契約相手方であったときには当該ロイヤリティの対価額の自由度がある程度制限されるおそれがある。
- Q社は，自分の保有する特許等の中に上記適合部分品に係わる特許等があった場合には，自動的に無償で本使用約款の当事者全員にライセンスする義務が課されるおそれがあり，したがって，Q社の特許運用戦略の自由度が制約を受けるおそれがある。

4　段取り

　本使用約款のような契約案件が発生した場合には，本ケースのような企業構成において，社内でどんな段取り（手順）で物事を進めていくべきであったかを後追いしながら後日に向けての教訓とすべく考えてみよう。

　本来であれば，まずK社は，その企業グループの事業全体を掌握している本社機構のQ社統括部門に案件を上げる。
　その統括部門が本使用約款の概要を把握した上で，本社自身やグループ内企業で本案件に関連した事業を遂行しているまたは予定している企業，

すでに同等のライセンスを取得しているかしようとしている企業などはないか。あるいは，現在係争中の案件等，知財運用戦略における権利行使等の計画の妨げにならないかという確認を，必要に応じてそれぞれ傘下企業に問い合わせるなどしながら行う。

　本社チェックの結果，特に支障がないという判断が出た段階で，本社機構は，必要であれば留意事項や助言を添えて，その案件を進めて差し支えない旨を立案企業であるK社に伝える。

　K社は，その本社機構の判断結果を踏まえて，改めて詳細な契約内容の検討と技術評価をスタートさせる。こうした手順を踏むことが適切である。

5　本ケースにおける教訓

　本ケースで得られる教訓としては，概ね以下のようなことが言える。

- エレクトロニクス業界のように急速に技術革新が行われる業界では，大企業の保有特許件数も多く，種々の製品や技術のビジネスが子会社化して分業体制で遂行されている。このため，標準的な技術であれば必ず自社の中の事業で何らかの形ですでに使用されている可能性が極めて高いと思うべきである。
- したがって，本使用約款の例のように，子会社が締結した契約の適用範囲が親会社もしくは同列の位置にある子会社にも及ぶ。このように適用範囲が広い契約を締結すると思わぬ影響が出る可能性が高いので気をつけるべきである。
- 本使用約款のように，事実上相手方との契約交渉ができない場合に，法務知財部門としては主にどのような点に着目して契約締結の可否の判断をすべきであるかをあらかじめ考えておくべきである。たとえば，少なくともビジネスを進める上でその契約締結が必須という前提の妥当性をビジネス部門に確認した上で，自社知的財産権による第三者への権利行使やライセンス交渉が制約されないか，不能にならないかを本社の知的

財産部門などに確認をし，その結果によって締結の適否を判断することが必要であろう。

Column

エレクトロニクス業界ではなぜこうした業界標準化が必要なのか？

　エレクトロニクス業界の製品は一般に製品相互間で情報のやりとりを行うものが主流であり，製品間で情報をやりとりするためには，情報の形式や通信の形式などが一致している必要がある。このような情報通信の形式のことを通信プロトコル仕様あるいはインターフェース仕様という。

　これを考慮せずに，メーカーがバラバラに勝手な仕様で製品を作ると，その製品で処理した情報は他の企業の製品では扱えなくなり，顧客同士の情報交換が不便となり製品が普及しなくなってしまう。こうして結局最も優れたあるいは使いやすい仕様に業界が収斂していく傾向がある。このような仕様が収斂する動きとして，技術競争の結果，ある特定の企業の仕様に収斂する場合と，多くの企業の技術が拮抗してなかなか1つの仕様に収斂しない状況では企業が連合して多数派を形成して最終的に最大多数派の仕様に収斂する場合がある。

　この後者の場合のように多くの企業が1つの共通した仕様を採用することを仕様の標準化（共通化）という。したがって，本来は顧客がどのメーカーの製品でも情報のやりとりができるようにするという顧客のメリットが大義名分であるが，自社仕様を業界の主流にして業界における技術的リーダーシップを握り，最終的には自社製品のシェアを拡大するための戦略として技術の標準化が行われることになる。

　ただし，上記のように技術の標準化はあくまで機器間の通信プロトコルあるいはインターフェース仕様に限るもので，製品全体の画一化ではなく，各社はこのような標準仕様以外の部分の性能，機能で差別化を図って競争をすることになる。

Column

逆に業界標準化がさほど必要ではない産業,製品は何か？

　通常,医薬品,化学製品,自動車,その他一般的機械製品などの業界や製品では業界標準化は見られない。これらの製品の特徴は,お互いに情報をやりとりすることが本質ではなく,そのためにそれぞれの製品を同じ仕様で作る必要性がない点である。特に,医薬品は症状ごとに医薬品も異なるのでお互いに共通にすべき仕様など存在せず,したがって標準化の意味はないと考える。

　なお,医薬品であれ機械製品であれ,安全基準のような国の定める規格などは存在するが,これは業界のシェア争いの手段として規格や仕様を共通化するものと性質が異なる。たとえば国が定めたJIS規格などは業界標準仕様ではなく守ることが義務付けられている真正な標準仕様(スタンダード)である。

Case 6 ノウハウに関するライセンスの行方は？

　アカイ食材株式会社（以下，Ａ社）はカレー粉を開発・製造・販売している企業である。Ａ社の業界では，自己の特許権をライセンスすることが多いが，カレー粉のような嗜好品は一般に数字や文字には表せない微妙な技術的内容（ノウハウ）を含んでおり，特許権のライセンスだけでは良質な製品を製造することは困難であることから，むしろノウハウを主体として関連特許権を含めた形のノウハウライセンス契約を締結する場合が多い。

　一方，バンダイ食品株式会社（以下，Ｂ社）は，カレー粉を使用したレトルトカレー食品を開発・製造・販売している大手企業で，70％近い世界市場占有率を有している。
　Ｂ社は，最近Ａ社が開発した新製品のカレー粉に注目し，このカレー粉を使用した新たなレトルトカレー食品を販売したい希望を持っていた。
　しかし，Ｂ社にはこの新しいカレー粉を製造するノウハウがなくライセンスも取得していないので，Ａ社に対して新しいカレー粉に関する製造ノウハウの製造委託権付ライセンスを取得する契約の申入れをした。

　Ａ社にとりＢ社にノウハウライセンスを行うことは，市場の占有率が高いＢ社を通じてレトルトカレー食品を実際に製造する多くの外部製造受託業者（以下，サブコン）にＡ社のカレー粉が知れわたることにつながり，将来Ａ社のカレー粉の仕様が市場において標準（デファクトスタンダード，事実上の標準）になることの可能性を高めることにつながる。
　Ａ社は，このように新しいカレー粉を大いに拡販して市場シェアを拡大したい希望もある。Ｂ社がこのカレー粉を用いることはＡ社のカレー粉ビジネス拡大のチャンスと考え，Ｂ社の要求を受ける方向で検討することにした。

ケース6のポイント

- A社が保有するノウハウの重要性の位置付けである。すなわちA社特許のライセンス取得だけではA社と同等品質のカレー粉を用いたレトルトカレー製品の製造は実質的に不可能であり，A社ノウハウのライセンス取得が不可欠である。
- A社の課題として，A社が保有するノウハウの必要以上の流出を抑制しつつB社にライセンスをするよう留意する必要がある。

1 検討の前に

　A社の立場での目論見は何かを考えてみると，自社カレー粉の市場における売上を増やしたいが，そのための戦略として，このカレー粉をデファクトスタンダードの味にしたいということがある。

　一方，B社の立場からの目論見は，自社ブランドのレトルトカレー食品の一部工程をサブコンに委託することを想定しており，A社から使用許諾されたノウハウを自社に限らずサブコンにも使用させたいということがある。

Column

ノウハウとは何か？

　ノウハウという言葉の最も広い概念は，物事のやり方・方法に関する知識一般（knowledge of how to do）を指しており，ノウハウという言葉の語源でもある。ただ，この言葉はもう少し特殊なニュアンスで用いら

れることがほとんどである。それは物事のやり方・方法に関する知識ではあるが，そのやり方・方法の核心部分である。その知識の習得あるいは獲得にはかなりの努力を必要とするいわゆる"コツ"といわれる部分を指す意味で使われている。

　また，このノウハウという言葉は，法律分野で使われる場合には，さらに法律で保護されている産業上有用な知識という意味合いの言葉として使われる。本ケースにおいて使われるノウハウという言葉もこの意味で使われるものである。

　ちなみに，知的財産基本法第2条（定義）の第1項の中には，ノウハウに相当する言葉が"営業秘密その他の事業活動に有用な技術上または営業上の情報"として示されている。

知的財産基本法第2条（定義）第1項
　この法律で「知的財産」とは，発明，考案，植物の新品種，意匠，著作物その他の人間の創造的活動により生み出されるもの（発見又は解明がされた自然の法則又は現象であって，産業上の利用可能性があるものを含む），商標，商号その他事業活動に用いられる商品又は役務を表示するもの及び営業秘密その他の事業活動に有用な技術上又は営業上の情報をいう。

　また，上記法律とは別に経済学的概念として「人間の創造的活動により生み出される無形の財産」という財産概念があり，この概念には思想（アイデア），技術，ノウハウ，デザイン，ブランド，音楽・映画等のコンテンツ，植物の新品種，商号などが含まれるとされており，ノウハウが法律の対象となる無形財産の一種として認識されていることがわかる。

2 現状の分析

　A社が本ケースで期待する点は，自社カレー粉単体での売上の増大とカレー粉市場における自社技術のデファクトスタンダード化である。

　一方，B社が本ケースで期待する点は，A社の新カレー粉を用いたレトルトカレー食品を自社商品ラインアップに加え，レトルトカレー食品全体の売上を伸ばすことである。

　このような両社の期待に照らして，本ケースでノウハウライセンス契約を締結した場合のA，B両社にとってのメリットとして何が考えられるかを以下に整理する。

　まずA社側のメリットとして以下のようなことが考えられる。

- A社は，B社を単なるカレー粉単体の顧客とすることに比べ，B社に技術供与することによりB社と緊密なビジネス関係を樹立できる。
- B社がこの新しいカレー粉を用いたレトルトカレー食品の新製品開発やその新製品の下請メーカー体制構築に一定の投資を行うことになれば，軽々に他社のカレー粉に鞍替えできなくなり，A社としてはB社をこの新しいカレー粉の陣営につなぎ留めることができる。
- このことはまた，A社カレー粉のブランド名声を高めることに通じ，A社自身のカレー粉の市場における売上を増やすことに間接的に寄与する。
- 同時に，A社としては，新しいカレー粉を用いたB社のレトルトカレー食品の売上に基づくロイヤリティなどライセンス料収入が期待できる。
- さらに，技術ライセンスによってB社が新しいカレー粉の自給体制を構築することを許すことになるが，通常このような場合には，契約条件としてA社をファーストソースとして一定比率の購入を義務付ける

か，それが困難であっても，少なくとも競合他社がないセカンドソースとしてある程度のB社からの受注も期待できる。

次に，B社側のメリットとして以下のようなことが考えられる。

- B社は，新製品のレトルトカレー食品に期待しており，そのための開発投資も計画しているが，新製品製造に必要な新しいカレー粉をA社からの購入にすべて依存することには供給安定性，価格妥当性の確保の点から不安がある。このため，A社から技術供与を受けてこの新しいカレー粉の一定程度の自給体制を下請メーカーも利用して調えることができれば，新しいカレー粉の量的，価格的安定性が得られる。
- A社をセカンドソースとして活用することによりA社と下請メーカーとの間で品質，価格の競争を行わせることで品質レベル，価格レベルを適正に保つことも可能となる。

一方で，逆にA社側あるいはB社側のデメリットとして以下のようなことが考えられる。

- A社は，B社が用いる多くのサブコン，特にカレー粉の製造を請け負うサブコンに，自社ノウハウが多かれ少なかれ開示されることになるため，自社ノウハウがカレー粉の同業他社に拡散・漏洩して競争力を減じるリスクが高まる。
- また，単に特許をライセンスする場合に比べ，ノウハウライセンスでは必ず技術指導，技術トレーニングを伴い，自社の現場に研修生を受け入れて新人教育のような実習や座学をさせることになる。そのための資料を作成し，相手方の現場に腕のよいカレー粉量産エンジニアを派遣して指導する……というような，A社の本業に多少とも影響するような負担は避けられない。この点への対処が必要となる。
- なお，B社に新しいカレー粉の技術供与を行い，自給体制を調えさせ

ることは，当然自社のカレー粉をＢ社に購入してもらえる機会を減じるあるいは失ってしまうことに通じるという一見致命的なデメリットが考えられる。

- ただし，上記の顧客としてのＢ社を失うリスクについては，そもそも，もしＢ社に技術供与しなければ，Ｂ社がＡ社に生殺与奪権を握られているという懸念から，Ａ社の新しいカレー粉を自社新製品に採用するということを断念して他社のカレー粉を使用することで我慢することにもなりかねない。結局競合他社が利する結果に終わるリスクが高いとの判断であれば，甘受すべきデメリットであると考えられる。
- Ｂ社は，ライセンス料の負担とともに，ライセンス料支払いを通じて経営情報の一部をＡ社に把握されることになる。
- そして，Ｂ社はライセンスを打ち切られては困る立場に置かれることにより，契約条件の厳密な遵守はもとより，Ａ社と表立ったトラブルの回避に気を配る必要が生じることも，独自技術を用いる場合に比べてデメリットといえる。
- 次に，少なくともＡ社の新しいカレー粉を使用するビジネスにおいては，Ｂ社自らそのカレー粉の改良品開発などにおいて提供技術の混用を避ける必要があるために自由にできないという制約がある。
- また，Ａ社がカレー粉の改良品を開発した場合には，市場競争に勝つためにはその改良品のライセンスを改めて受け直す必要が生じるなど，常にＡ社のカレー粉開発戦略に振り回されることになる。

3 段取り

Ａ社が特にノウハウライセンス契約書に規定したい条件としては，以下のようなものが考えられる。

- Ａ社としては，Ｂ社がライセンスした新しいカレー粉の製造をサブコンに委託することを許諾するとして，そのライセンスの下でのノウハ

ウ使用はB社のレトルトカレー食品の開発・製造・販売に限定する。
- 当然ながら，サブコンによって委託製造されたカレー粉などはすべてB社に引き取られ，サブコンが横流ししないことを条件とする。
- B社はもちろんのこと，サブコンも含めてライセンスされたカレー粉単体での外販は行わないことを条件とする。
- B社内はもちろんのこと，サブコン内におけるノウハウについての秘密保持の厳格な指導監督と違反した場合の損害賠償義務などの規定を確認のために設ける。

　ノウハウはそれ自体秘密情報であるので，開示する場合であれ，受領する場合であれ，それぞれ開示方法や扱い方に注意が必要であり，またノウハウ情報受領後の管理も厳格に行うことが必要である。

　ノウハウライセンスを取得する側は，契約を締結してノウハウを受領した後では，そのノウハウと同種の技術分野での技術開発は常に受領した技術をベースとしているとみなされあるいは疑われることになる。したがって，ノウハウ受領側による同分野の独自開発は実質的に不可能に近いというほどの技術的制約（技術汚染問題という）を生じることを覚悟する必要がある。

　ノウハウライセンス契約を結ぶということは，これだけの覚悟を要する技術提携となるために，その導入に価値があるかどうかを慎重に契約締結前に検討する必要がある。そのためには，あらかじめ自社の技術汚染が生じない程度の技術概要を開示してもらって技術評価を行うことが望ましい。

　また，このような事前の技術評価するにあたっては，相手方のノウハウの一端をわずかであっても開示させることになるので，そのための秘密保持契約の締結は必須である。また，ノウハウライセンス契約締結後には本格的にノウハウの開示が行われるので，通常，ノウハウライセンス契約には，特許ライセンス契約とは異なり，守秘条項とともに情報の取扱規定，利用制限規定などきめ細かく規定しておく必要がある。

Column

　クロスライセンスのありようは業界により異なる。その理由について，以下のように考える。

　たとえば，特許の塊と言われるほど1つの製品に含まれる特許権の数が膨大なエレクトロニクス業界では，特許保有数の多い大手企業間では特許ごとに特許ライセンス契約を行うことは不可能ではないが通常非効率である。たとえば，特許権侵害の疑いが生じるたびにライセンス交渉するのでは事業が進まなくなるおそれがある。一方，1つの製品に単一の特許しかない医薬品のような場合には，1つの製品内にお互いの特許が混在することは稀で，またお互いに相手方の特許を利用した製品を製造販売する発想が生じる余地は少なく，したがってクロスライセンスはなじまない。

　あるいは，上記のような同種製品の競合メーカーどうしの例と異なり，これは総合メーカーと呼ばれる業態の大企業間で多くみられる例である。必ずしも単体製品の中にお互いの特許が混在しているものが多くなくても，両社の製品範囲が広範であるために，自社のある製品には相手方の特許が使われており，逆に相手方のある製品には自社の特許が使われているというようなケースが多くなると，上記の例と同様に煩雑な特許紛争が頻発することになるので，やはり分野横断的な包括的クロスライセンスを締結することになる。

4　対応契約条項の検討

　本ケースにおいては，カレー粉のノウハウを保有しているA社からレトルトカレー食品を販売したいB社（以下，ライセンシー）に対してカレー粉製造ノウハウに関する実施許諾を与えるノウハウライセンス契約が締結されることになる。

　そこで，上述したような各当事者の本ケースにおける留意事項や懸念事項が当該ノウハウライセンス契約において条文により具体的にどのように

カバーされているかを下記に例示する。なお，下記条文例はA社が海外企業であることを想定したものである。

1.1 "AKAI DELIVERABLES" means the documents written in English set forth in Exhibit B attached hereto.

1.2 "AKAI KNOW-HOW" means any technique, know-how or other information relating to CURRY MATERIALS, whether tangible or not, furnished or disclosed by AKAI to LICENSEE hereunder.

1.9 "AKAI TECHNOLOGY" means AKAI DELIVERABLES and AKAI KNOW-HOW.

上記条文例第1.1条には，「アカイ引渡物とは，添付Bに規定する書類を指す」という主旨の定義が規定されており，同第1.2条には，「アカイノウハウとは，有形，無形にかかわらずアカイからライセンシーに提供もしくは開示されたノウハウを含むがそれに限らないすべての情報を指す」という主旨の定義が規定されており，また，同第1.9条には，「アカイテクノロジーとは，アカイ引渡物およびアカイノウハウを併せたものを指す」という主旨の定義が規定されている。

　一般にライセンス契約はライセンサーが保有する知的財産（技術知識など）に付与されている知的財産権に基づいてその知的財産の利用（実施）をライセンシーに許諾する契約である。しかし，同じライセンス契約であってもノウハウライセンス契約はその他の特許ライセンス契約や著作権ライセンス契約とは大きく異なる点がある。たとえば特許ライセンス契約であればそのライセンス対象である特許技術の内容や範囲は文書化され，公表されており，著作権ライセンス契約であればそのライセンス対象である著作物は表現自体であるので当然に内容は確定しており，これらの知的

財産の内容や範囲は容易に特定可能であるが、一方、ノウハウライセンス契約の対象であるノウハウは特に文書化して公表されているものではなく、表現されている必要もないのでその知的財産の内容や範囲を特定することが非常に困難であるという特徴がある。

したがって、ノウハウライセンス契約においては、特許番号などを指定すれば済む特許ライセンス契約などと異なり、必ずライセンサー側からライセンシー側にノウハウを含む技術情報の提供を伴うという特徴がある。また、そのように提供された情報のみによって契約対象のノウハウを特定するということも特徴の1つである。

このようなノウハウライセンス契約の特徴から、ノウハウライセンス契約においてノウハウとして何をどのように提供するかということは非常に重要な意味を持ち、上記の条文例はまさにこのようなノウハウ提供の範囲を規定する重要な規定である。

さらに、上述したようにライセンサー側としては自社ノウハウの外部漏洩を極力防ぐことが重大な関心事であるので、ノウハウの提供範囲を必要最小限にすることが重要である。したがって、上記第1.1条における添付Bにどのような提供書類を記載するかには細心の注意を払うことが求められる。

また、上記第1.2条におけるノウハウの定義ぶりでは、ノウハウ提供は第1.1条に規定する書類のような有体物に限らず、口頭や実地訓練などを通しての提供もあり得ることを示唆しているので、そのような形での提供も必要最小限に絞る必要がある。

ただし、過度に提供情報を絞ってライセンシーが所定の製造ノウハウを会得できなければ契約上の不誠実を問われることになるので、別項に規定される秘密保持規定の効果にも期待して誠実な情報提供を行うべきである。

なお、上記第1.1条の規定ぶりは、提供書類は英文であるとされているので原文のまま翻訳せずに提供することを示唆していることはライセンサーの情報提供負担を軽減する上で重要なポイントである。

また，上記第1.2条の規定ぶりは，いわゆる秘密の技法というような本来使われている意味のノウハウに限定せずにライセンサーが提供，あるいは開示するカレー粉に関するすべての情報を一括してノウハウとして扱うことになっているが，これは情報提供範囲をそこまで広げるという意味ではなく，ライセンサーが提供したノウハウ情報に本来のノウハウ以外の情報が含まれることは避けられず，したがって，その区別についていちいち議論することを避けるための便宜的工夫である。

　上記第1.9条の規定ぶりは，第1.1条はライセンサーの義務として提供すべきノウハウ書類を規定している。第1.2条はそのような義務としての書類提供も排除しないが，むしろ偶発的に提供されるノウハウ情報その他の情報を規定している。本契約においてどちらの提供形式のノウハウも含めて扱えるようにする便宜的工夫である。

2.1　Subject to the payment of the compensation under Article 7 below, AKAI hereby grants to LICENSEE during the term of this Agreement a non-transferable, non-exclusive and world-wide license under AKAI's intellectual property rights to make, have made, use, sell, lease or otherwise dispose of LICENSED PRODUCTS by using AKAI TECHNOLOGY.

　上記条文例第2.1条には，「アカイは，アカイの知的財産権の下で，アカイテクノロジーを用いて許諾製品を製造，製造委託，使用，販売，貸与，その他処分する非譲渡，非独占，全世界の実施権をここに許諾する」という主旨が規定されており，この規定によって本契約がライセンス契約であることを明らかにしている。

　このライセンス条項は標準的な条文であるが，いくつか注意すべき点が含まれている。

　上記条文例第2.1条において"under AKAI's intellectual property rights"

となっているので，ライセンシーが利用できるアカイの知的財産権はノウハウ権（トレードシークレット権）に限らずアカイが保有している特許権，著作権などすべての知的財産権を利用できる。ただし，その実施範囲が"to make,…otherwise dispose of LICENSED PRODUCTS by using AKAI TECHNOLOGY"という範囲に限定されているので，本契約の下でアカイから提供されたノウハウを利用して許諾製品（本ケースではレトルトカレー食品）を製造その他処分することしか許されていない。したがって，このような許諾製品の製造等を行うにあたって仮にアカイの特許権や著作権も利用する必要があれば利用してもよいという意味となる。

また，提供したノウハウの利用は許諾製品（レトルトカレー食品）に限定されているが，このようなライセンス適用製品の限定はライセンサーの懸念であるノウハウの拡散を防ぐための工夫の1つである。

一方，実施範囲には製造委託も含まれている。一般に製造委託を許すことはノウハウの拡散防止の観点からは望ましくないが，本ケースではアカイのカレー粉のデファクトスタンダード化も視野に入れていることから，サブコンの利用を通して生産拡大を可能にする製造委託権の許諾は避けて通れないリスクと判断したものであろう。

2.2 AKAI hereby grants to LICENSEE the right to grant a sublicense to LICENSEE's SUBSIDIARIES, provided that LICENSEE shall inform AKAI of the name, address and representative of LICENSEE's SUBSIDIARY thirty (30) days prior to such grant of sublicense to such SUBSIDIARY and LICENSEE shall make LICENSEE's SUBSIDIARIES sublicensed hereunder comply with all relevant provisions of this Agreement.

上記条文例第2.2条には，「アカイは，ライセンシーの子会社に対する再実施許諾権をライセンシーに与える」という主旨が規定されている。

一般に，製造委託の許諾よりもサブライセンス権の許諾の方がノウハウの拡散リスクは大きいと考えられる。上記においては，サブライセンス先を厳密管理が可能な子会社に限定していることと，ただし書部分でサブライセンスについての事前通報義務とサブライセンス先の厳密管理義務を課していることがノウハウ拡散防止の工夫となっている。

> 2.3 Notwithstanding the provision of Article 2.1 above, the right to have made therein shall be terminated three (3) years after the EFFECTIVE DATE unless otherwise mutually agreed upon and, if LICENSEE exercises such right within such three (3)-year period, LICENSEE shall notify AKAI of such exercise thirty (30) days before such exercise.

上記条文例第2.3条には，「別途合意がない限り，製造委託権は本契約発行日から3年で終了する」という主旨が規定されている。

前述のように，製造委託権の付与はライセンサーにとってはノウハウ拡散リスクを負うことになるので，とりあえず3年間に限って付与する。そして3年後，アカイカレー粉のデファクトスタンダード化の状況とノウハウ拡散リスクの検討を行った上で製造委託権の期間延長をするかどうかを決める余地を残す工夫である。

> 5.1 LICENSEE shall keep AKAI TECHNOLOGY in confidence and shall not disclose AKAI TECHNOLOGY to any third party except the third parties by whom LICENSEE has LICENSED PRODUCTS made under Article 2.1 above or LICENSEE's SUBSIDIARIES to whom LICENSEE sublicenses under Article 2.2 above, provided that LICENSEE shall make such third parties or SUBSIDIARIED comply with the obligations herein.

> 5.2 LICENSEE shall: (a) limit the use of and access to AKAI TECHNOLOGY to its officers, employees and/or contract workers who need to know AKAI TECHNOLOGY for the purpose of this Agreement; and (b) cause such officers, employees and/or contract workers to be advised of and comply with the obligations herein set forth.
>
> 5.3 LICENSEE shall not use AKAI TECHNOLOGY except for the purpose of this Agreement.

　上記条文例第5.1条には，「ライセンシーは，アカイテクノロジー（ノウハウ）を秘密保持し，製造委託相手あるいは再実施を許諾する子会社以外の第三者には開示しないものとする」という主旨が規定されている。そして，第5.2条には，「ライセンシーは自社の従業員などであってもアカイテクノロジー（ノウハウ）にアクセスできるのは本契約の目的で必要とする者に限る」という主旨が規定されている。また，第5.3条には，「本契約の目的以外でのライセンシーによるアカイテクノロジー（ノウハウ）の使用は禁止する」という主旨が規定されている。
　ノウハウライセンス契約では，ライセンサーが提供するノウハウは秘密情報が主体であり，ライセンサーの命ともいえる情報なので，ノウハウ提供のない特許ライセンス契約などと異なり，このような秘密保持条項や目的外使用禁止条項はノウハウの拡散を防ぐ効果を期待して必ず設けられる規定である。

Case 7

製造物責任等にいかに対処するか？

　アミーゴ社（以下，A社）は創業時からカメラを開発・製造・販売している中堅企業である。

　昨今，医療機器が目覚ましい進歩を遂げ，それらを使いこなす医療技術も並行して発達している。このほどA社は人間の体内に長時間留置しても問題のない極微な超小型カメラ製品（以下，本製品）を開発した。用途は医療用部品とし，医療機器メーカーに販売しようと計画している。

　この医療用部品の想定される商流は，まずA社が製造した本製品を1社あるいは複数社の医療機器メーカー（以下，B社）に供給する。B社がA社から購入した本製品に保護外装を加えるなど加工を行った上でその加工品をさらに1社あるいは複数社の医薬品メーカー（以下，C社）に供給する。C社がB社から購入した本製品が組み込まれた加工品を体内に取り込むために内服薬剤の形に加工して一種の医薬品とした上で病院等の医療現場である市場に対して販売され，最終的に患者に使われるという流れである。

　本製品は，最終的な医薬品の形状で使われた場合，少なくとも24時間は体内にあっても人体に危害を加えることなく安全なことが確認されている。現場の医療関係者はこの医薬品が有するカメラ機能を通じて，体内の様子を高精度に肉眼で見ることが可能になる。このように，本製品が実際に世の中に供給されるようになれば，従来の胃カメラなどのように短時間で体内の様子を見なければならないという時間的制約がほとんどなくなり，また，比較的長時間にわたっての体内の経時変化も把握できるようになり，医療技術の発展に貢献することが大いに期待されている。

　しかし，本製品やその加工品が製造物である以上，何らかの欠陥が含まれるリスクを完全に排除することは不可能である。

ケース7のポイント

● A社としてのリスク（製造物責任等）の負担を最小化にするための方策を考える。

1　検討の前に

　医療機器技術と医療技術が二人三脚で日々進歩をし，医薬品の開発も進むなかで人間の平均寿命は年々伸長しており，それでもというべきかそれだからというべきか，日々新たに医薬産業は進化を続け，そのスピードが鈍る様子はない。

　この結果，もはや医療技術は，一昔前のように医者の個人的能力に依存していた時代と異なり，エレクトロニクス産業におけるIT技術の支援なしでは進歩することができないばかりか医療現場での施療すら困難な時代になっている。

　このようななかで，人間の体内にセンサーなどを入れて人間の体内の状態を把握することはすでに行われており，この種の技術もどんどん精密化かつ精緻化され，いわゆる軽薄短小になりながら進化してきている。

　本ケースは，まさにこのような医療の世界における医療機器技術，医療技術，医薬品技術に付随するリスクの理解のために設けたものである。

　本ケースにおける製造者としては医療部品メーカー，それを利用する医療機器メーカー，さらにそれを最終製品として市場に供給する医薬品メーカーが関与しているが，本ケースでは，本来はカメラメーカーでありながら医療用部品メーカーとして医療分野にも参入しようとしているA社の立場からリスク対応策の検討を行うことにする。

2　現状の分析

まず，A社のリスクを想定してみる。

本ケースではまずA社とB社間の売買取引によって本製品の商流がスタートする。この取引ではA社が売主であり，B社が買主である。したがって，A社がまず負わなければならないリスクは，買主であるB社に良品を提供する，すなわち瑕疵担保責任によるものである。

> **Column**
>
> "瑕疵担保責任"という言葉は2017年5月26日成立の改正民法施行後は（2020年4月1日施行予定）使われなくなり，契約不履行（不完全履行）に含まれるようになる。

次に，本ケースの場合には，通常の商品についてのビジネスとは異なり，最終的に医薬品に用いられる物品の取引であり，したがって人間の生命に直接関わるリスクを負うことになる。

すなわち，A社の製造した本製品の欠陥に起因してB社およびその先のC社を経由して医療現場である市場において人命が失われるかあるいは人身に危害が及ぶような事態になった場合には，本製品を組み込んで直接市場に販売したC社はもちろんのこと，本製品を中間加工したB社および本製品を最初に供給したA社のいずれに対しても被害者は製造物責任を問うことができる。したがってA社が被害者に直接販売したものでなく，また，途中で加工が追加されていてもA社は損害賠償リスクからは逃れられないというのが法律の定めるところである。

また，このような製造物責任は，契約関係の有無は関係なく，また，故意の有無，過失の有無にも関係なく発生する無過失責任の一種である。

もし，直接A社に対して製造物責任訴訟が提起されないとしても，仮にB社が訴訟対象となれば，A社とB社間の契約条件によってはその訴訟に

関してB社が被る損害の賠償責任がA社にも生じ，B社からの求償に対応する責任が生じることとなる。

さらに，C社が訴訟対象となった場合であっても，B社とC社間の契約条件によってその訴訟に関する免責規定があれば，B社が実質的に損害賠償を負担することになり，ひいてはA社はB社から損害賠償を求められることとなる。

また，人身事故を伴う製造物責任訴訟にあっては，一般に損害賠償はかなり高額になると考えられる。

3　対応契約条項の検討

上記のような状況を考慮した上で，A社が締結する契約においてリスク対応上どのような点に留意すべきかを以下に検討してみる。

> Party A shall indemnify, defend and hold harmless Party B from and against any and all claims, damages, losses, demands, costs and expenses including reasonable attorney's fees, judgements, liabilities, or settlement amounts resulting directly or indirectly from the gross negligence or willful misconduct of the indemnifying party in connection with its business, provided that Party A's maximum liability to Party B shall in no event exceed the amount of the sales amount received by Party B from Party A.

売り手であるA社としては，**売買契約における損害賠償責任を最小限に抑えるいわゆる責任限度条項を設けるべきである。**

たとえば，上記の例文は海外における部材メーカーであるA社とそれを購入するシステムメーカーであるB社間の契約において，A社の責任を最小限に抑える工夫をした文言の1つである。

上記例文の前半は"A社の重過失や故意の不法行為に起因してB社が被

るすべての損害はＡ社が代わって償う（肩代わりする）"という主旨の免責条項であり，一見Ａ社は大きなリスクを負わされているようにみえるが，損害の原因を重過失や故意の不法行為に限定してある点がＡ社の責任を限定する工夫となっており，通常期待される程度の注意を払ったのに生じたＢ社の損害はＡ社が償う必要はないと解釈される。

また，後半において"ただし，Ａ社の責任は，何があろうともＡ社からＢ社への販売額を上限とする"という主旨の責任限度規定が設けられており，通常の売買取引で責任限度を販売額までとすることができれば売り手側としては望みうる最良のリスク対応である。

なぜなら，上記例文によれば，Ａ社は最大でＢ社に販売額相当の損害賠償することにはなるが，本来であれば，Ａ社製品の不良品がその損害の原因の場合，Ａ社はその販売した製品をすべてリコールした上に販売額を返金するというような対策が求められるケースが多く，販売額相当の損害賠償で済めばＡ社から見れば損害賠償はなかったも同然と言えるからである。

なお，上記例文におけるＡ社が肩代わりすべきＢ社が被った損害は，第三者が購入したＢ社製品に組み込まれたＡ社製品が原因でＢ社が第三者から損害賠償を求められて支払った損害賠償やその際の費用などを指しており，**Ａ社製品によりＢ社自身が直接被った損害は上記免責条項では通常カバーされない**点には注意が必要である。

しかし，Ａ社に契約不履行などがあった場合には，一般にＢ社は直接Ａ社に損害賠償請求できる法的権利を有しているので，契約条文にＢ社への損害賠償規定がないからといってこのようなＡ社のリスクがなくなるわけではない。通常このような損害賠償を請求する権利がＢ社にあることを条文に明記して確認することが多い。

したがって，Ａ社としては，このようなＢ社への直接的な損害賠償責任もできるだけ抑える工夫が必要である。

Notwithstanding any provisions herein, Party A's liability to Party B for

> all claims, however caused and on any theory of liability, arising out of this Agreement shall in no event exceed an amount equal to the total selling price actually received by Party A in respect of the affected products giving rise to the damages set forth above.

　そのような工夫としては，103頁のＢ社自身の被った損害に対する損害賠償責任に関して，たとえば上記条文のような責任限度規定を設けることも１つの方法である。

　上記条文は，"Ｂ社に対するＡ社の責任は，Ｂ社の損害を引き起こした製品に関してＡ社が受領した代金総額を超えない"という主旨の規定である。たとえば売り手の10円の部品の欠陥で買い手の１億円のシステムが壊れてしまったような場合に１億円の損害賠償を支払うとすれば部品メーカーのリスクが高すぎるので，部品メーカーとしては上記のような責任限度規定を設けることが多い。

　ただし，上記のような責任限度規定は，買い手が購入した商品に関連して被った損害に対する賠償責任についての規定であり，売り手が納入した商品が不良品であったというような**商品自体に関する直接的責任（契約不完全履行という一種の契約違反）を免除する**ものではないことに注意が必要である。

> Party A warrants to Party B that Products purchased by Party B from Party A are free from defects in material and workmanship. Such warranty is the only warranty herein applicable to Products. Party A's liability for breach of such warranty shall be limited solely and exclusively to refunding or replacing, at Party A's option, the defective Products.

　上述のようなＢ社に対する直接的責任に関する責任限度規定としてＡ社に最も有利な条件は，上記に示す条文例のように，Ａ社は販売した製品の

代金を返金するか良品の代替品を再納入するかのいずれかの救済手段に限定し，それ以外のいかなる救済措置も行わないというようなものである。

　ただし，上記のようなB社に対する免責規定と責任限度規定の組み合わせによるリスク対応策で注意すべきことは，製造物責任に基づく損害賠償請求のようにA社が被害者から直接に請求された場合には，上記のようなB社に対する免責規定と責任限度規定ではカバーされないということである。
　また，上記のリスク対応策は，いずれも免責条項や損害賠償責任を負う条項ごとに責任限度規定を添えるという方法であるが，契約において免責条項や損害賠償責任を負うべき条項が多いかあるいはどの条項で免責義務や損害賠償責任が生じるかが必ずしも明確でない場合には，責任限度条項を独立して設ける方法もある。さらに，"本契約に関連してA社がB社に支払う免責補償や損害賠償の総額は，A社からB社への支払済み代金総額を超えないものとする"というように契約全体をカバーする規定により規定漏れを防ぐというようなA社にとって有利な方法もあるが，もちろんB社側との交渉次第である。
　また，売買取引においては，通常は購入する顧客側が有利な立場にあるために上記に示したような免責条項が要求される。したがって売り手はリスク対応策として責任限度規定の挿入をめぐって交渉することが多い。ただ，本ケースのようにA社が他に代えられないような素晴らしいカメラ技術を開発したような場合にあっては，A社は最大限有利なリスク対応策を適用できる可能性がある。
　たとえば，上記のケース設定とは少し異なるが，A社としては自分のカメラ技術が医療機器に利用されることを望んではいるが，まだ安全性が完璧に証明されたとは言えず，直接人命にかかわる医薬品などに利用されて巨額の損害賠償を請求されるようなリスクを負うには時期尚早と判断している。この段階で，B社からの引き合いには応じたくないのであるが（あるいは交渉戦術としてそのような姿勢を見せる方法もある），B社あるい

はC社から絶好のビジネスチャンスとして是非ともA社のカメラを医薬品に応用して販売したいとの強い要請があったときには，A社は販売先であるB社が第三者からの損害賠償請求やB社自身の損害賠償請求などについてはすべてA社を免責するのなら販売してもよいという条件を付けることが可能となってくる。

このような場合には，上記に示した免責条項でA社とB社の立場が逆転し，A社の被るすべての損害をB社が免責する（肩代わりする）という条文に書き換えられ，しかも，上記条文には付した責任限度規定はこの場合には付されないことになる。

さらに，この場合には，第三者の被害者からA社が直接に製造物責任を問われて損害賠償したときでも，A社はB社から免責を受けられるので，損害賠償のリスクを完全に回避することができる。

以上のように，売買契約において想定されるリスクをどちらがどの程度負担するかは，**取引する商品の価値，両当事者の立場の違いなどを勘案した力関係で相対的に決められるものである**ということを理解した上で契約交渉に臨む必要がある。

さらに，損害賠償という観点からは，上記のように製品自体の技術的欠陥を直接の原因とした損害賠償とは別に，製品に対して売り手が行った保証や表明に違反した場合も，買い手から損害賠償を請求されるリスクが存在する。特に，製品が第三者の知的財産権などの権利侵害をしていないことの保証や表明を契約に明記するよう買い手が求めることが多いが，この保証や表明を行えば，第三者権利侵害による買い手の損害に対する損害賠償のリスクを負うこととなる。

また，上記の条文例のように売り手が買い手に納入した製品が双方合意の仕様を満たすことの保証，いわゆる品質保証を契約に明記することは通常行われない。これは保証義務の遂行というより，良品を納入することは一般に契約債務の履行義務であるためである。不良品の納入は保証違反で

ある前に債務不履行として損害賠償を含む救済対象となる行為である。

　さらに，製品自体に関して上記のような規定以外に何も保証規定がないからといって売り手は安心することは許されない。特に米国などでは契約に保証規定がない場合でも製品の最低限の機能，たとえばその製品が有すべき商品性や特定目的適合性については保証しているものとみなす，といういわゆる黙示的保証が認められている。

　売り手としては，このような保証や表明に基づく損害賠償リスクもできるだけ軽減することが望ましく，この点についても有利な条件を勝ち取るよう交渉する必要がある。

　このような保証や表明に基づく損害賠償責任を回避する工夫として，「本契約におけるいかなる規定にもかかわらず，売り手は製品に関するいかなる保証あるいは表明も否定する」という主旨の保証（表明）否定条項を設けるよう買い手と交渉することになる。

　この保証否定において注意すべきことは，上述した黙示的保証，あるいはそれを含んだ形の保証を否定する規定を設ける場合には，その条文全体を大文字にするなど目立つように表記することが法的に求められる国，たとえば米国などがあることである。

　上記はいずれも売買契約においてA社のリスクをB社に転嫁する（ツケを回す），あるいはB社のリスクをA社に押しつけられないというリスク対応手段である。

　しかし，忘れてならないことは，メーカーにとっての最大のリスク対策は製造工程における品質管理を確実に行うこと，すなわち製品に品質を作り込むことであり，製品の品質向上に勝るリスク対策はないということである。

　上記のような契約上のリスク対応策は，品質向上の努力を尽くした上に成り立つ方策である。製品の品質が悪く顧客の製品トラブルが頻発するようであれば，仮に顧客であるB社にすべての損害賠償のツケを回すことができても，その品質トラブルにより会社の信頼性や名声が失われることを防ぐのに役立つわけではない。そのような品質レベルが続けば会社の存続自

体が危殆に瀕することは自明であることをメーカーとして肝に銘じておくべきである。メーカーにあって契約を作成あるいは交渉する担当者は，常に契約対象となる自社製品の品質レベルを認識した上で，自社品質レベルを織り込んでどのようなリスク対応策を講じるかを検討することが求められる。

Column

部材供給企業に対するPL訴訟

　米国では，毎年，10数万件の提訴があるとされています。しかし，財団法人医療機器センターが行った調査によると，1945年から2009年3月までの間に米国において医療機器が関係したPL裁判のうち，判例として確認できた数は，連邦控訴裁判所，連邦地方裁判所，州裁判所を合わせて877件で，そのうち，部材供給メーカーに関連するものはわずか20件しかありませんでした。部材供給メーカーの中でも提訴されたのは高分子材料メーカーのみで，提訴の時期も1992年から1998年の間に集中しています。さらに，これらの部材供給メーカーが被告となった判例は，すべて原告側が敗訴しており，これまでに部材供給メーカーが敗訴した判例は見つかっていません。なお，米国では，1998年に連邦法であるBAA法（Biomaterials Access Act of 1998）が制定され，埋め込みの医療機器への部材供給メーカーを，PL訴訟から免責すると定めています。

　我が国では，1995年にPL法が施行されて以来，PL法に基づく訴訟は国民生活センターが把握できたもので2016年3月末までで130件で，そのうち医療機器は3件ですが，材料供給者の責任が問題となった事件はありません（うち，2件は原告が勝訴，1件は被告側が勝訴）。

「医療機器の部材供給に関するガイドブック（改訂版）」内閣官房（健康・医療戦略室）・文部科学省・厚生労働省・経済産業省（平成29年1月）10～11頁から引用。

Case 8

製造装置メーカーとの戦略的コラボレーションとは？

　フライデイ社（以下，F社）は日本でキャンディ製品（以下，対象製品）を開発・製造・販売している企業である。色も味もバラエティに富む対象製品を20種類以上品揃えしていることから子供たちに人気があり，日本国内での対象製品の市場占有率は50％を超えている。F社対象製品の製造に用いる製造装置は汎用の品ではなく，対象製品ごとに独自設計したものであり，従来より第三者の製造装置専業メーカー（以下，製造装置メーカー）に開発および製造を委託して作らせている。

　さて，F社は来年度に向けて，現在日本に進出して市場争いをしている海外キャンディメーカーに対抗すべく新しい魅力的な対象製品をラインナップに加えて市場に打って出たいと計画している。
　そこで，この新しい対象製品の製造装置を作らせるメーカーを選定すべく，ここ数年間，日本，欧米を中心にF社の開発責任者が調査を行い，複数のメーカーと事前交渉を行ってきた。このような検討作業の結果，最終的に米国に本社を置くウオーター社（以下，W社）に新対象製品用の製造装置を製作させることにした。
　F社は海外の競合企業より少しでも早く新しい対象製品を市場に出したいとの願望もあり，W社との製造装置開発に関する契約は迅速に締結したいと考えている。そこで，W社との契約交渉のために，開発技術責任者，知的財産部，法務部のメンバーより成る交渉チームを基本的な裁量権を与えて米国に派遣し，交渉にあたらせることにした。

　相手方のW社は，社長，法務部員，管理部門担当者の3名で交渉に参加した。交渉は難航した部分もあったが，何とかこの交渉ラウンドで合意に達し，両社間で対象製品の製造装置に関する契約が締結された。

下図は本ケースにおいて最終的に採用された取引形態である。

なお，W社が顧客に販売する装置にはF社と共同開発した装置も含まれる。

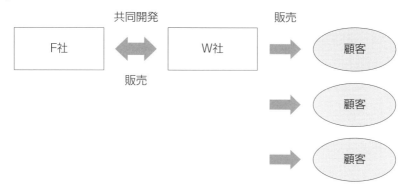

ケース8のポイント

- F社側としては，F社保有のキャンディ製品に関するノウハウを流出させず，安価に装置を調達できるスキームをいかに構築するかが狙いである。
- W社側にとっては，単なる特注品ビジネスにとどまらず，一般設備市場にも展開可能なビジネススキームになれば言うことのない展開である。
- また，本ケースでは装置ユーザーと製造装置メーカーとの共同開発における留意点を把握し，それぞれの内容を理解する。

1 検討の前に

F社がこれから製造装置メーカーの選定をして製造装置の製作を依頼する場合，事前準備として必要な手順について考えてみる。

F社の対象製品を製造することが可能な製造装置を製作できるか否かを見極めるために，F社の対象製品の仕様（レシピ），材料サンプル等を製造装置メーカー候補に提供し，製造装置メーカー候補側でその対象製品を製造できる装置の製作が可能か否かの評価を行う。

また，必要に応じて，製造装置メーカー候補の評価データ（試作サンプル等）をＦ社が受領して，要求仕様を満たす装置の製作能力があるかどうかの評価をＦ社側でも行う。

なお，上記のような評価作業を行うにあたっては，事前にＦ社，製造装置メーカー候補間で双方の秘密情報をカバーする秘密保持契約を締結した上で，お互いに情報交換をしながら評価検討を進める。

上記の検討が終了し，要求する製造装置製作の見通しが立った段階で，その製造装置メーカーと本契約の締結に向けて条件交渉を開始する。

2　現状の分析

製造装置調達の選択肢としての外部委託と共同開発それぞれの特徴と本ケースとの適合性について，現状分析をまじえて以下で考える。

製造装置の製作ビジネスの中でも，汎用性があり仕様書通りに製作が可能な製品（たとえば文房具，パソコンの筐体など）を製作する製造装置であれば，金型を起こせば後は自動化ラインで製品が製造されるため，製品自体の品質や歩留まりなど製造装置の開発段階ではあまり考える必要がない。このため，開発を依頼する製造装置メーカーにすべてを委ねるいわゆる外部委託のスキームでの対応が一般に適切と考えられる。

一方，製作すべき製品が複雑であり，製造装置の開発を依頼する側の知見，製品の完成度の確認，量産時の品質レベルや歩留まりの確保など複雑な要件を考慮する必要がある場合には，依頼する側がその製造装置開発に深く関与することが求められることになるために，両者が密接に協力して開発作業を行ういわゆる共同開発のスキームでの対応が適切と一般に考えられる。

したがって，本ケースの場合は，味覚や食感など要求の数値化が困難な製品であることから，外部委託ではなく，共同開発による対応が適切だと考える。

3 段取り

本ケースの場合の段取りと注意点について，共同開発スキームを選択した根拠も含めて以下に示す。

W社がF社の新しい対象製品の仕様を満たす製造装置を製作するためには，F社は，対象製品の仕様などのノウハウ（秘密情報）をW社に提供する必要がある。

その場合，製造装置開発上必要のないノウハウを混入せずに開示するよう注意することは，F社の競争力の源泉であるノウハウの流出を防止するために特に大事である。

また，どの製造業にも共通する問題であるが，製造業の会社が保有するノウハウは自社製品を製作するのに用いられる製造装置を介して流出すると言われている。

装置に関連するノウハウ情報としては，装置自体の設計情報に限らず，その装置を用いて製作する製品の完成度をより高めるための処理温度，昇温・冷却速度，湿度，乾燥時間などの最適装置条件の設定，いわゆる条件出しなどの様々なノウハウが装置運用性能に密接に関連して存在すると考えられる。このような情報は装置自体の制御性能情報であるとともに製品製造に関するノウハウのコアを成す情報でもある。

したがって，本ケースの場合には，開発中の製造装置を用いた試作品の味覚，食感などについてのW社からF社へのフィードバックが必要である。そして，その都度F社の検討結果の報告をW社が受領し，製造装置の工夫や改善を行う場合が想定される。

前述の"ノウハウは製造装置を介して流出する"ということは，上述のように製造装置の開発にあたって製造装置の発注者と製造装置メーカーの間で密接な情報交換が行われることが最も大きな原因である。

また，本ケースの場合には，対象製品用の製造装置は本来F社の特注仕

様に基づくカスタム製品である。汎用品ではないため，F社から単に必要とする装置性能をW社に提示するだけで後はW社に委ね，W社はその装置性能の要求仕様を満たすよう既存製造装置の諸元をアレンジするだけでほとんど開発作業を必要としない……というような，容易に製作できるものではない。

したがって本ケースでは，製造装置の開発・製作を外部委託の形で行うスキームは適切ではなく，双方が開発作業に深くコミットする共同開発スキームで進めるべきと考えられる。

4　共同開発における課題

F社から見れば，F社の対象製品に関するノウハウがW社に提供され，製造装置を開発する際にそのノウハウが製造装置上に組み込まれることとなる。

また，共同開発であれば，一般にその開発成果物は双方の共有となり，お互いに自由に製造・販売できるのが原則である。したがって，開発された製造装置をF社が独占的に使用することができず，競合他社も利用が可能となる。この点についてはF社のデメリットとなる。

一方，W社が開発成果である製造装置をF社にしか販売できない場合に比べると，他の顧客にも販売できるため，当然量産効果で製造装置の価格を下げる余地が生じることになる。したがって，F社にとってもその価格低下の享受が期待できるというメリットがある。

W社は，この製造装置をF社から特注品として受注生産してF社のみに納入して利益をあげるという選択肢も可能である。しかしこの場合には，W社のこの製造装置の売上が，F社における対象製品の販売の伸び具合に直結して振り回されることになる。

しかしながら，W社は製造装置メーカーであり，製造装置を多くのキャンディ企業などに販売することにより，より大きな売上を確保したいと考えるのは当然である。

共同開発において最も注意を要することは，その開発成果物を一般市場向けに製造販売する際に，共同開発相手から開示されたノウハウなどの秘密情報が競合キャンディメーカーなどの第三者に流出しないようにコントロールをすることである。

また，同様の理由で，共同開発契約の中で，相手方から開示されたノウハウなどの秘密情報を開発成果である製造装置の製造・販売・使用以外の目的に利用しないような義務を課すことも必要である。

一般に，開発作業においては，常に開発が成功裏に終わるとは限らないということを念頭に置く必要がある。場合によっては共同開発契約を途中で打ち切ることができる構造にしておく必要もある。

5　共同開発留意点と対応契約条項の検討

以下では，共同開発契約書の条文例を参照しながら，共同開発における留意点について契約条文がどのように対応しているかを具体的に例示する。

ARTICLE 2 : PURPOSE

The purpose of Joint Development is as follows;

1. The purpose of Joint Development for FRIDAY is to develop, manufacture and sell Subject Products as candy products made by new candy machine and processes using proprietary technology to be obtained from the results of Joint Development.
2. The purpose of Joint Development for WATER is to develop, manufacture and sell Subject Products as candy manufacturing-machines using proprietary technology to be obtained from the results of Joint Development.

ARTICLE 9 : MARKETING AND MANUFACTURING

1. FRIDAY shall have the right freely to market, sell, have sold, offer to

sell, manufacture, have manufactured, modify, improve and otherwise dispose of any Subject Products as candy products by using Joint IP, provided that FRIDAY shall comply with the confidential obligations specified in the NDA.

2. WATER shall have the right freely to market, sell, offer to sell, manufacture, modify, improve and otherwise dispose of any Subject Products as candy-manufacturing machines by using Joint IP, provided that WATER shall comply with the confidential obligations specified in the NDA.

　上記契約例文第2条には，「F社は共同開発成果を利用したキャンディ製造装置を用いてキャンディ製品を製造・販売し，W社はやはり共同開発成果を利用してキャンディ製造用装置そのものを製造・販売することを本契約の目的とする」という主旨が規定されている．また，同じく上記第9条には，「F社は共同開発成果を利用したキャンディ製品を自由に製造・販売でき，W社は同じく共同開発成果を利用したキャンディ製造装置を自由に製造販売する権利を付与する」という主旨の規定があり，これらの条文は本ケースにおける両者の意図を実現する契約構造になっていることを示している．

ARTICLE 3 : TARGET CRITERIA AND SCOPE OF WORK
1. Each party shall use its best efforts to achieve Target Criteria in cooperation with the other party.

　上記契約例文第3条第1項には，「両当事者が両者で決めた開発目標を達成すべく共同して努力する」という努力義務が規定されており，この条文が本契約が共同開発契約と呼ばれる所以である．

ARTICLE 6 : DISCLOSURE OF PROPRIETARY INFORMATION

1. In the course of the Joint Development, the parties hereto agree that each party provides to the other party information necessary only for the purpose of executing the Joint Development and that such information is subject to the obligations specified in the non-disclosure agreement which is to be executed by both parties on the Effective Date of this Agreement and attached hereto as an exhibit (hereinafter referred to as the "NDA").

ARTICLE 9 : MARKETING AND MANUFACTURING

1. FRIDAY shall have the right freely to market, sell, have sold, offer to sell, manufacture, have manufactured, modify, improve and otherwise dispose of any Subject Products as candy products by using Joint IP, provided that FRIDAY shall comply with the confidential obligations specified in the NDA.
2. WATER shall have the right freely to market, sell, offer to sell, manufacture, modify, improve and otherwise dispose of any Subject Products as candy-manufacturing machines by using Joint IP, provided that WATER shall comply with the confidential obligations specified in the NDA.

ARTICLE 13 : EFFECT OF EXPIRATION AND TERMINATION

1. In any case of expiration and termination of this Agreement, obligations of confidentiality shall remain pursuant to the NDA.

上記契約例文第6条，第9条第1項ただし書および第9条第2項ただし書に，「本契約遂行の目的で相互に開示する情報を互いに秘密に保持する」

という主旨の守秘義務が規定されており，同じく第13条第1項には「秘密保持義務は契約終了後も存続する」という主旨が規定されている。これらの条文は上に述べた共同開発のために開示したノウハウなどが競合キャンディメーカーなど第三者に漏洩する懸念に対する手当として機能する条項である。

ARTICLE 7 : OWNERSHIP OF INTELLECTUAL PROPERTY

3. Intellectual Property created jointly by one or more employees of either party and one or more employees of the other party under the Joint Development (hereinafter referred to as "Joint IP") shall be jointly owned by both parties.

ARTICLE 8 : LICENSE OF INTELLECTUAL PROPERTY AND USE OF RESULTS

2. Each party agrees to allow or license the other party, Subsidiaries and Customers to freely use any Joint IP without accounting to such each party or paying any compensation to such each party.

3. Notwithstanding any other provision of this Agreement or the NDA, each party may freely use for any purpose its own results, observations and data created in performance of the activities contemplated by this Agreement.

ARTICLE 9 : MARKETING AND MANUFACTURING

1. FRIDAY shall have the right freely to market, sell, have sold, offer to sell, manufacture, have manufactured, modify, improve and otherwise dispose of any Subject Products as candy products by using Joint IP, provided that FRIDAY shall comply with the confidential obligations specified in the NDA.

2. WATER shall have the right freely to market, sell, offer to sell, manufacture, modify, improve and otherwise dispose of any Subject Products as candy-manufacturing machines by using Joint IP, provided that WATER shall comply with the confidential obligations specified in the NDA.
3. Notwithstanding any other provision of this Agreement or the NDA, each party may use jointly-owned results, observations and data created in performance of the activities contemplated by this Agreement with the other party's prior written approval for such use.

上記契約例文第7条第3項には，「共同開発において両当事者が共同して創出した成果は両者の共有とする」という主旨が規定されており，同じく第8条第2項には「共有成果の利用は全く相手方の制約を受けない」という主旨が規定されている。同じく第8条第3項には「共同開発によって創出したものであっても，自己に単独帰属する成果の利用は全く相手方の制約を受けない」という主旨が規定されており，同じく第9条においても「共有成果は基本的にお互いに自由に利用できる」という主旨が規定されている。これらの条文は共同開発スキームでは外部委託スキームと違って開発成果を一方当事者が独占できないという本ケースについて述べた指摘を具体的に示している条項である。

ARTICLE 8 : LICENSE OF INTELLECTUAL PROPERTY AND USE OF RESULTS
4. Each party agrees not to claim or sue against the other party and/or such other party's Subsidiaries or Customers based on such each party's Sole IP as far as such other party implements the results of Joint Development or makes, sells or otherwise disposes of Subject

> Products on or before the termination or expiration of this Agreement with such each party's prior written approval for such use of Sole IP.

　上記契約例文第8条第4項には,「基本的に本契約の成果を具体的製品に組み込むことや本契約の目的であるキャンディ用装置や器具などを製造販売する場合に限って,相手方に帰属した成果を自由に利用することができる」という主旨が規定されている。この開発目的に限定した開発成果の相互利用権は,そもそも両当事者による共同開発スキームを成り立たせるために最低限必要な条項である。ただこの契約例文には「本契約の有効期間中」という条件と「利用するにあたっては相手方にその都度事前承認を得る」という条件が付されており,これらの条件は本ケースの当事者の意図には適合しない可能性があるので削除の検討が必要であろう。

> ARTICLE 12 : TERM AND TERMINATION
> 1. This Agreement becomes effective on the Effective Date and shall be terminated on the earlier of the date of November 30, 2017 or the date when it is confirmed that all Target Criteria are achieved and completed pursuant to Clause 2 of Article 3.
>
> Notwithstanding Clauses 1, 2, and 3 of this Article 12, this Agreement may be any time terminated upon a written agreement by both parties.

　上記契約例文第12条第1項には,「本契約は2017年11月30日に満了する」という主旨が規定され,契約期間の終了日として固定日が設定されている。また,同じく第4項には途中で開発が不成功であることが明確になったような際にはいつでも両当事者の合意で契約を終了できると規定してある。

これらの条文は，開発が常に成功するとは限らないため，そうした場合に備えてプロジェクトの終点あるいは出口を明確にした条項である。

Case 9 販売店を利用したビジネス展開における課題は？

　オリオン社（以下，O社）はオーストラリア国内で天然のオパールを加工販売しているオーストラリア企業である。もともとオーストラリアは天然のブラックオパールを産出する国であり，このオパールは世界中で人気のある商品である。

　そのような環境のなか，O社では自国内だけではなく，日本を中心にアジア市場においてもブラックオパールの販売に乗り出すとの経営方針を打ち立てた。しかしながら，現在のところアジア諸国内に販売拠点となる自社子会社など資本関係のある企業は存在していない。そこで，早速，販売担当責任者を日本に派遣し，このブラックオパールのアジア市場における拡販を実行できる販売店（"Distributor"）の候補者探しを行った結果，日本企業の富士宝飾店（以下，F社）に白羽の矢を立て，コラボレーションの可否を打診すべく面談を申し入れた。

　一方，F社は様々な国の企業との取引実績があり，また，ダイヤモンドなどをはじめとする宝石の輸入販売店も30年以上営んでおり，この業界での知名度は極めて高い。今回，O社から天然ブラックオパールの輸入販売店に関する打診を受け，F社としても新たな取扱い品目が増えることは歓迎すべきことであるので，O社の面会申入れを受けることとした。
　なお，従来欧米やアラブの富豪などがターゲットであった宝石市場において，近年経済成長が著しいアジアの中産階級や富裕層にもオパールなど中級宝石の市場が広がりつつあるということもこの動きの背景にある。
　さて，このようにしてF社とO社は面談することになったが，本格的に販売店契約の交渉に入る前に，両社は交渉に向けてどのような準備をし，どのような交渉戦略を立てるべきであろうか。

ケース 9 のポイント

- O社としては，自らの製品の市場をアジア地域にまで拡大して売上を伸ばしたい。そのためにF社とディストリビューター関係を築くにあたってどのような点に注意し，どのような条件を課すべきかを検討する。
- 一方，F社としては，宝飾販売店としての知名度を上げるためにO社のオパール製品を取扱い商品のラインナップに加えるとともに，自らの売り上げも増やしたい。そのためにO社との契約条件をいかに有利に取り決めるかを検討する。

1　検討の前に

本ケースについて具体的な検討を始める前に，両社共にある程度の事前準備や心構えが必要である。

以下にF社側の考え方を例示する。

F社としては，O社と話し合いを始める前に，今回，O社の商品（ブラックオパール）に関するビジネスを進めるか否かの大枠での判断をしておく必要がある。そのような判断を下すにあたっての基準や根拠となる要素として以下の事柄が考えられる。

- F社が取り扱うことになる商品の需要について，この先5年間程度の日本および海外を含めた地域ごとの販売数量，売上金額を予測する必要がある。
- この予測は必ずしも正確である必要はないが，このような自前の数値予測を持って交渉に臨まないと，**交渉のイニシアティブを相手方に握**

られ，相手方のペースで取引条件が決められてしまうおそれがある。

また，交渉に備えてこのコラボレーションでO社がF社に期待することを想定しておくことも重要である。たとえばO社の主要な戦略目標としては，

- ブラックオパールの拡販，売上の拡大
- F社に在庫を保有させることによる初期需要の発生とその後の安定的取引高の確保供給の安定化

などが考えられる。

2　現状の分析

以下に，本ケースにおける両社のメリット，デメリット，留意点などの現状分析例を示す。

F社のメリットとしては，輸入販売店としての売上の拡大が見込まれ，その結果としての取扱高ランクアップによる知名度の向上が考えられる。

一般に，自社のメリットは過大評価しがちであり，その結果投資判断などが甘くなって失敗するケースが多く見られるので，自社メリットは冷静かつ適正に評価し，投資はそのメリットとバランスした状態で行う必要がある。

今回は販売店契約であるため，F社側は施設増設や人員増などの投資は当面必要ないとしてもよいと考えられる。当初の在庫用にブラックオパールを仕入れる資金を考えればよい。したがって，F社側はこの初期在庫のレベルをできるだけ少なく抑えるという交渉戦略が求められ，O社側は逆にF社に初期在庫を多く持ってもらう交渉戦略をとることになる。

O社側としては，今回O社の商品であるブラックオパールのアジア市場におけるビジネスをF社を介して進めるとして，まずはどのような条件をF社に提案すべきかを決めておく必要がある。主要な条件としてはたとえばブラックオパールのF社への卸価格，納入条件，支払条件，最低在庫量，品質保証，損害賠償条件等が考えられる。

一般に，販売店契約では商品の供給元が具体的取引条件を提示することが多い。したがってO社から先に条件提案があると考えられる。にしても，F社にとり望ましいビジネス条件を腹案として用意しておく必要がある。これはO社提示の条件で受け入れられない条件があれば速やかにO社に逆提案する必要があるためである。

　ただし，逆提案する場合，主要条件でない事柄だけの逆提案はその逆提案を条件として相手の提案を受諾したとみなされることがある（ウィーン売買条約第19条参照）。そのためとりあえず軽微な変更点のみ修正提案するような場合には受諾留保を付す必要がある。

　F社側からみて特に注意を払う必要のある取引条件として，たとえば下記のような項目が考えられる。

　F社はO社から仕入れたブラックオパールを自らの顧客に販売をすることになるが，その場合には当然F社と顧客間での売買契約が存在することになる。

　通常，売買契約においては，売り主は買い主に契約目的に適合する商品を引き渡す責任を負うことが法律で定められている（民法改正以前の"瑕疵担保責任"に相当）。

　このため，F社としては，O社との販売店契約と顧客との売買契約の間でバランスをとることが必要となる。たとえば，売買契約では顧客に対して損害賠償は無制限（たとえば商品代金の全額返金など）とされており，一方，販売店契約では損害賠償額に制限がかかっている場合（たとえばいったん検収した後で発見された傷物は半額返金など）は，F社に差額分の皺寄せすなわちリスク負担が生じることとなる。したがって，この点に関するF社にとって望ましい取引条件は，**商品品質についてO社が全面的に保証することである。**

　具体的には，損害賠償規定については，F社はO社との販売店契約において，F社の顧客に対する民法上の良品提供保証期間の終了時までO社はF社に対する損害賠償義務を負うこと。さらにこれと連動して，特に品質

保証規定については，顧客が購入してすぐにオパールが変質したり自壊したりしては困るので，**顧客に対する民法上の良品提供保証期間を超えてさらに可能な限り長い期間の保証を課すべきである。**

　一般に，顧客が店頭で好みのオパールを選んで直ちに入手できることは商品の品質とともに顧客満足度の最たるものであるので，常に一定の在庫を維持することはF社にとってはある程度必要なことではある。しかし，販売店契約で強制的に在庫量を義務付けられると，資金繰りなどの自由度が失われて経営上好ましくないので，在庫義務は負わないか，負うとしても最低限にすべきである。

　同様に，同じ地域にO社の販売店になることを希望する者が複数存在すると，販売店契約の交渉においてO社が有利な立場となる。この立場を利用して年間最低購入量の義務を課されることがあるが，極力このような義務は負わされないようにすべきである。F社は他に有力な販売店候補が存在するかどうかという情報を調べておくことが望ましい。

　F社の地域での販売力が強力で地域全体を十分カバーできると思えば，O社に対して地域での独占販売権を認めてもらうように交渉すべきである。

3　段取り

　本ケースでは販売元とその配下の販売店という取引関係にあるために，契約交渉の段取りはO社が主導権を握ることになる。

　しかし，契約交渉の大枠としての段取りはO社が行うとしても，F社はその交渉に向けての社内準備作業を進めておくことが当然必要である。言い換えればF社にはF社の段取りが存在することになる。

　以下にO社側から見た契約交渉における重点の想定と対処方針（交渉準備）の一例を示すが，F社側も現状分析をもとに自社内で同様の交渉準備を行うことが求められる。

- ●O社はF社との販売店契約交渉においてまず主導権を握っている自分から契約条件を提示することになるであろうが，当然そのままの条件

が受け入れられることは少なく，F社側から多くの逆提案が出されることが想定される。
- 本ケースでの契約交渉において，O社側から見て，たとえば下記のような特に気をつけなければならない点，あるいは譲れない点があるので注意が必要である。
- O社はF社と販売店契約を結ぶことになるが，販売店契約は引渡価格が卸値という市場価格より安価な価格で取引されるという特徴があるだけで，取引形態としては売買契約の一種であり，すなわち法的には両社間で売買契約が結ばれたことになる。
- 通常，売買契約においては，売り主は買い主に契約で合意した内容に適合する商品すなわち良品を引き渡す責任がある。したがって，O社側は，F社との売買契約における良品引渡しなどに関する保証範囲を可能な限り縮小することが望ましい。特に，F社との売買契約ではF社に対して**O社の損害賠償義務が間接損害まで含むなど無制限な範囲にならないように条文内容に注意すべき**である。
- 具体的には，O社は，F社との販売店契約における損害賠償規定については，たとえば商品引渡し後に不良品を発見して通知するまでの猶予期間はできるだけ短くすること，特に品質保証の規定においては，可能な限り短い保証期間を勝ち取るべきである。
- また，自社オパールのブランド名を損なわないよう，常に顧客の満足度を満たすべく，販売店には一定の在庫量を維持してもらうことは契約交渉上重要なポイントである。
- O社としては，F社に地域の独占販売権を認める場合でも，広いアジア全域に販売ネットを維持することは容易なことではない。F社だけでは十分に顧客の満足を得るサービスが行き届かない国などがあると判断した場合には，独占販売権を取り消し，適切な地域に適切な能力のある販売店を配すことができるようにしておくことなども重要である。

4 対応契約条項の検討

以下に，販売店契約において特に留意すべき内容の条文を例に挙げて解説を付すことにする。

> 1.1 Seller hereby appoints Buyer to a nonexclusive distributor in Japan and other Asian countries (hereinafter collectively called "Territory") for those jewel products including but not limited to black opal product manufactured by Seller the kinds of which are listed in Exhibit A hereto (such listed kinds or respective units within such kinds are hereinafter collectively called "Subject Products").

上記条文例第1.1条には，「売り手は，添付Aに記載する宝石製品に関する日本その他アジア諸国における非独占販売店として買い手を指名する」という主旨が規定されている。

この条文例は，契約当事者の一方である買い手側（本ケースではF社）が単なる顧客でなく売り手側（本ケースではO社）の商品の指定販売地域における"distributor"（販売店）に指名された特別な買い手であることを示すもので，本契約が販売店契約であることを明確にしている。

上記例文のポイントは，買い手に扱わせる商品として売り手の全商品を必ずしもカバーしておらず，別紙Aに掲載した商品に限定していることである。これは売り手の商品が多岐にわたっている場合に，特定の事業部門の商品やさらにその中で販売店の利用を必要とする商品に絞って扱わせる場合の規定である。

もう1つのポイントは，買い手が販売店として販売活動をする地域が限定されていることである。これは売り手が販売店を必要とするそもそもの理由が自社の販売力の弱い地域での販売力補強にあるからである。自社販売力が十分な地域で販売店も販売することを許せば顧客の共食いとなり，

その販売分に対する自社利益が通常減少するからである。

さらに指摘すべきポイントは，買い手はこの地域における"非独占"の販売店とされていることである。これは地域内に同じ商品を扱う競争相手としての販売店が複数存在する可能性を示している。これは2の現状分析で述べたように，買い手にとってはライバル店が増える可能性があるため望ましくない。一方，売り手にとってはその地域を1社のみに任せるのはリスクが高い。このため，両当事者の力関係や思惑を織り混ぜて交渉によって決まる条件項目ではあるが，概ね売り手側の意思で決まる傾向にある。

本契約では，売り手が外国企業（本ケースではオーストラリア企業）で販売店が日本企業であり，販売地域を日本とその他のアジア諸国としていることから，この売り手はアジア圏における販売力を強化する必要があり，日本の販売店を利用してアジア市場での販路拡大を図るという戦略であることがわかる。

販売店の販売地域を限定しない販売店契約も多く見られるが，これらは通常，製造技術はあるものの販売組織はほとんどないに等しい中小企業が販売を販売店に全面的に一任するようなケースである。

"販売店"は，売り手から見れば顧客には違いないが，商品を消費する最終需要者ではなく，売り手から商品を仕入れて一般顧客に売りさばくことを業とする特殊な顧客である。

上記例文のような"販売店"の指名条項を設ける理由は，契約当事者にとっては必ずしも必要な条項ではないが，次に説明するような対外的な配慮によって設けられた条項という性格が強い。したがってこのような指名条項が設けられていない販売店契約例も多く見られる。

一般に業として物品を売買する際には，独禁法などの法律によって一定の制約が課されることがある。

たとえば，特定の顧客に対して正当な理由がなくその他一般の顧客に比して差別的条件で取引し，その結果その顧客が適正な価格で商品を入手することが困難になり，他の顧客との市場競争で不利な立場に置かれたり，

逆に価格的に優遇することで他の顧客が市場競争で不利な立場に置かれたり，いずれであっても不利な立場の顧客が市場競争から排除されることになるのは独禁法上問題となる可能性がある。

しかし，売り手と販売店の関係では，販売店が売り手の商品を頑張って売ってもらうために売り手はいわゆる卸値あるいは仕切り値と言われる一般顧客よりかなり低い価格で販売店に販売すなわち卸販売（販売店側から言えば仕入れ）をすることが想定されている。

また，売り手が自社商品を販売するために販売店を用いるのは，自社の販売力不足を補うためである。したがって売り手が十分販売力を有している地域で販売店が販売することは望ましくないので，当初より販売店が販売活動する地域を限定する場合がほとんどである。

このように，販売店は基本的には売り手の販売部門として機能するだけである。売り手が販売店を他の顧客と比べて差別的に扱うことがあっても，その販売店が自分の顧客を差別的に扱わない限り，あるいは同一市場に複数の販売店を設けてその中の特定の販売店を不公平に扱うようなことがない限り，独禁法上問題になるような市場競争への悪影響はない。したがってこのような一般顧客とは異なる扱いをする販売店の利用が商習慣として確立している。

そこで，本契約の下での売買行為が一般の顧客との売買行為ではなく，自社の販売力不足を補う販売店との特殊な取引であることを契約中で明確にしておくことは，差別価格などの理由で独禁法違反などのあらぬ疑いを避ける潔白証明，すなわちアリバイ条項としての役割を期待しての工夫である。

3.1 Buyer shall place an order with Seller for the respective Subject Products at least in their respective minimum stock quantities set forth in Exhibit A within one (1) month of the Effective Date and thereafter keep Buyer's stock level of respective Subject Products at least in such minimum stock quantities.

　上記条文例第3.1条には,「買い手は,少なくとも添付Aに規定する対象製品ごとの最低在庫量を本契約発効日後1か月以内に売り手に発注し,その後も少なくともその最低在庫量を維持する」という主旨が規定されている。

　一般に商品の販売形態として,商品の在庫を保有して顧客から注文があれば直ちに引き渡す,いわゆる在庫販売形態と顧客からの注文があった段階でその商品のメーカーや卸問屋など在庫を有する所から取り寄せて顧客に納品する,いわゆる受注販売(無在庫販売)の形態があるが,上記条文例は本契約における販売店が在庫販売形態の販売店であることを示しており,したがって販売店に一定水準の商品在庫を義務付けている。

　上記例文に規定する最低在庫量は,2の現状分析でも述べたように,買い手にとっては少ないほど望ましく,商品の売れ行きを見ながら実際の在庫量を調節する裁量の自由度を可能な限り確保したいという思惑がある。一方,売り手としてはできるだけ多くの在庫を持ってもらって,在庫維持に要する資金が死に金にならないように買い手が熱心に商品を売り捌く効果を狙うことになる。このような最低在庫条項も両当事者にとってはシビアな交渉を要する条件項目である。

9.1　On or promptly after the respective Delivery Date of Subject Products, Buyer shall inspect such Subject Products for acceptance by comparing actual quantity and product label with the relevant Shipping Documents and performing visual inspection about appearance of packing for such Subject Products (such inspection for acceptance is hereinafter called "Acceptance Inspection"), provided that Buyer may have any third party perform Acceptance Inspection.

上記条文例第9.1条には,「買い手は,商品が入荷したら直ちに受入検査をする」という主旨が規定されている。

すなわち,上記例文は,販売店側の受入検査実施義務とその内容を規定する条文となっている。

上記例文のポイントは,対象商品の受入検査を実施するタイミングを受入当日か受入日後Promptly（速やか）としていることで,この意味は合理的な理由がない限りは直ちに行う必要があるということである。つまり,受入検査のような行為であれば,支障がない限り受け取ったその場で行うようなことを想定した表現である。

当然,受入検査の内容によってはその場で実施することが困難な場合もあり,そのようなときは,受領後7日間以内というように一定の猶予期間を設けることになる。

このような受入検査義務を買い手に課すことは,主として売り手側の観点から納品後の員数不足や商品間違いのトラブル,あるいは言いがかりを避ける工夫である。

12.1 The title of Subject Products shall be deemed to be transferred from Seller to Buyer at the time when such Subject Products are accepted in accordance with Article 9.1 above.

上記条文例第12.1条には,「商品の所有権は,その商品が受入検査に合格した時点で売り手から買い手に移転する」という主旨が規定されている。

すなわち,上記例文は対象商品の所有権が売り手から販売店に移転する時点を規定する条文である。販売店契約を含め物品の売買に関する契約においては,物品の所有権がどの時点で売り主から買い主に移転するかは非常に重要な取引条件の1つである。

上記例文のポイントは,対象商品が受入検査に合格した時点で所有権が移転するとしていることで,対象商品を物理的に販売店に引き渡しただけ

では所有権は販売店に移転せず，さらに受入検査をして合格となるまでは移転しないことになる。

　一般に，このような所有権の売り手から買い手への移転は，上記のような受入検査合格時点以外にも，売り手が運送業者に引き渡した時点，輸出国で船舶や飛行機に積み込んだ時点，輸入国で船舶や飛行機から積み降ろした時点，輸入通関を完了して指定運送業者に引き渡した時点，買い手の指定場所で買い手に引き渡した時点，代金が完済された時点など，当事者の合意によって任意に決めることができる。

　なお，日本の現行民法の規定によれば，物権（所有権など）の移転は当事者の意思表示によってのみその効力を発するとされている。物品の売買契約はまさにその物品の所有権を代金と引き替えに買い主に移転させるという当事者の意思表示であるから，売買された物品の所有権は上記のように所有権移転についての特則を設けない場合，売買契約が成立した時点で売り手から買い手に移転すると解される（現行民法第176条，第555条参照）。

　たとえば，上記例文に従えば，受入検査に合格するまでは商品の所有権は売り手にあることになるので，買い手は商品を受け取っても受入検査を行って合格するまでは勝手に商品の使用，加工，転売などを行うことができない。もし行えば詐取の疑いがかかるおそれがあり，また，受入検査に合格しなかった不良品の所有権は当然移転せずに売り手に残るので勝手に廃棄処分などできないことになる。

　また，この所有権の移転は，下記で別途説明する商品に対する危険負担の移転とは全く別々の事柄であり，両者は混同しやすいので注意が必要である。

12.2　The risk on Subject Products shall be deemed to be transferred from Seller to Buyer in accordance with the rule of Incoterms 2010 specified in the relevant Order for such Subject Products or, if not

> so specified, at the time when such Subject Products are safely placed at the delivery place specified in the relevant Order under the presence and control of Buyer.

　上記条文例第12.2条には,「商品に対する危険負担は,個別契約にインコタームズの指定があればその規定に従い,あるいはインコタームズの規定がなければ個別契約に指定する引渡場所に安全に商品が置かれた時点で売り手から買い手に移転する」という主旨が規定されている。

　すなわち,上記例文は対象商品についてのリスク(危険負担)をどちらがどのように負うかを規定する条文であり,物品売買に関する契約においては非常に重要な取引条件の1つである。

　上記例文のポイントは,個別契約にインコタームズ貿易条件の指定があればその条件に従ってリスク負担をし,指定がない場合には実際に引渡しが行われた時点でリスクが移転するとされていることである。

　上記例文でいう"リスク"とは,売り手が出荷した後に商品自体に生じる破損や滅失のリスク(risk of loss)を指している。たとえば売買契約に従って出荷した商品が運送途中で事故によって全壊した場合,その代金を契約に従って買い方が支払う必要があるかどうかが問題になる。支払うことにすれば買い方がリスクを負担したことになり,支払わないことにすれば売り方がリスクを負担したことになるというようなリスクのことであり,その商品が買い手に無事に納入された後の破損,滅失,故障などが引き起こす買い手やその顧客に生じる損害のリスク(risk of damage)ではないので混同しないよう注意が必要である。

　なお,インコタームズとは,民間組織である国際商事会議所が策定して公開している貿易条件の定義を指している。運賃,保険料,リスクなどをどちらがどのように負担するかを定めたものであり,アルファベット3文字と引渡場所名などを組み合わせた簡単な記述で貿易条件を規定できるので,貿易取引において広く利用されている。

一般に，このようなリスクの売り手から買い手への移転は，上記のようなインコタームズに規定する移転時点以外にも，売買契約成立時（特定物の場合），売り手が運送業者に引き渡した時点，輸出国で船舶や飛行機に積み込んだ時点，輸入国で船舶や飛行機から積み降ろした時点，輸入通関を完了して指定運送業者に引き渡した時点，買い手の指定場所で買い手に引き渡した時点，代金が完済された時点など，当事者の合意によって任意に決めることができる。この点は所有権の移転と同様であり，このように定めたリスク移転時点の前に商品が破損すれば売り手のリスク負担として代金はもらえないが，リスク移転時点以降に商品が破損すれば買い手のリスク負担となるため代金をもらうことになる。

なお，このリスク負担移転時点は，別に定められる売り手の瑕疵担保責任にも大きく関連している。売り手はリスク移転時点以前に商品に生じたあるいは含まれていた瑕疵に対してのみ瑕疵担保責任を負えばよく，リスク移転時点以降に生じた瑕疵（たとえば運送中のショックで生じた瑕疵など）は，たとえ買い手の受け取り前に生じた瑕疵であっても売り手は瑕疵担保責任を負う必要はない。こうした点でもリスク移転の規定は物品売買に関する契約の中では重要である。

14.1 Seller hereby warrants that all Subject Products delivered to Buyer meet all presentations and requirements described in Specifications relevant to such Subject Products (such presentations and requirements) are hereinafter collectively called "Product Requirements".

上記条文例第14.1条には，「売り手は，買い手に納めた商品が所定の要求仕様に合致していることを保証する」という主旨が規定されている。

すなわち，本例文は，買い手に納めた対象商品が仕様書に合致していることを売り手が保証する保証文となっている。

上記例文のポイントは次のようなことである。この対象商品について仕様書に合致することを保証するという記述は，上記の受入検査で全商品が合格するはず，ということを意味するものではなく，受入検査で不合格が生じた場合でもその不合格に対して何らかの是正措置あるいは救済措置を講じることを約束するということである。

　このように，"保証義務"は一般的履行義務とは少し性質が異なり，保証した内容が実現されていないことをもって直ちに契約違反となるのではなく，その保証した内容が達成，是正あるいは救済されなかった場合に初めて契約違反になるというように契約違反までにワンクッションある義務条項といえる。

　もう1つのポイントは，上記条文は売り手の義務規定であるが，"shall warrant"とせずに"warrants"と現在形になっていることである。

　このように"shall"を付さずに現在形で示す義務文は"自動履行文"ともいい，契約発効後に何らかの条件が整った段階で義務が発生するのではなく，契約が成立した時点（調印した時点）で自動的に義務が発生することを示している。

　なお，物品の売買取引において納入する商品が所定の仕様に合致していることは当然であり，改めて契約条文で保証する性質のものではない。したがってこのような保証条項がない売買契約がほとんどである。商品が売り手の公開している標準仕様以外の特別仕様に基づく場合には，買い手は本条文例のように準拠すべき仕様を特定した上でその仕様に合致することを売り手に保証してもらうことになる。したがって，本条文例は保証することよりも商品が準拠すべき仕様を特定することに重点がある。

14.2　Notwithstanding any provisions herein or any notice from Buyer to Seller hereunder, only if any defect or failure to meet Product Requirements is found on any Subject Product within one (1) year after Delivery Date of such Subject Product in Buyer or in the

> market (such defected or failed Subject Product is hereinafter called "Field-found Reject"), Seller shall, at Buyer's option, repay to Buyer the amount of such Field-found Reject, give Buyer a credit for the amount of such Field-found Reject, supply the replacements of such Field-found Reject, or follow Buyer's other instruction.

　上記条文例第14.2条には,「商品の引渡し後1年以内に商品の欠陥品あるいは不良品が発見された場合にのみ,売り手は,商品代金の返金,同額の与信,代替品の再送またはその他買い手の指示の実行を行う」という主旨が規定されている。

　すなわち,上記例文は売り手による瑕疵担保責任を規定する条文となっている。

　上記例文のポイントは,瑕疵担保責任を負う期間を対象商品引渡後1年間としていることである。

　一般に,瑕疵担保責任とは売買取引において引き渡した売買の目的物に瑕疵があった場合に一定の責任を売り手が負うことを指し,日本の民法では買い手が目的物に隠れた瑕疵に気付いた時点から1年間だけその取引契約を解除するか損害賠償を請求できるとしている(現行民法第566条,第570条参照。ただし,改正民法ではこの用語はなくなる予定)。

　この法律は任意法規であり法律の定めと異なる特約が一般には許されるが,売り手がメーカーや販売業者のような専門家であり買い手がユーザーや消費者のような個人である場合には,法律の保護よりも買い手が不利になる特約は無効とされる場合がある(消費者契約法第1条,第8条,第10条参照)。

　なお,上記現行民法の規定によれば瑕疵担保責任期間は買い手が瑕疵に気付いた時点から1年間となっているので買い手が気付かなければ売り手は永久に責任を問われる可能性があることになる。しかし,これは債権の消滅時効により目的物の引渡しが行われた時点から10年で責任が解除され

る法律構成となっている（現行民法第167条参照）。

　また，取引目的物が量産品のような不特定物の売買の場合には，上記例文のように瑕疵のない代替品を納めるか補修をする責任を負うことを条件として瑕疵担保責任を免責する特約が有効である（消費者契約法第8条第2項参照）。

　以上は個人を含む一般的売買取引についての法制であるが，上記例文は企業間の取引契約条項であるので，瑕疵担保責任についても商法の規定が適用されることになる。

　このような企業間取引については商法において逆に売り手を保護する規定（買い手責任の原則ともいう）として，買い手は商品を受領後直ちに検査して員数不足や不良品を報告しなければ売り手の責任を問えないことになっている。また受入検査では発見し難い隠れた瑕疵についても受領後6か月以内に発見しなければ売り手の責任を問えないことになっている（商法第526条参照）。

　この商法規定は任意法規なので瑕疵担保責任について企業間の合意によって法律の規定とは異なる任意の責任期間（責任否定も含む）についての特約を有効に結ぶことは自由である。しかし，目的物が最終的には個人であるユーザーや消費者にそのまま渡るものであれば，その段階での個人向け瑕疵担保保証も視野に入れて企業間での瑕疵担保責任期間を交渉して設定することが重要である。

　もう1つのポイントは，瑕疵が代理店またはその顧客において発見された場合の売り手の措置として，返金，クレジット提供，代替品供給，その他の買い手指示の実行を売り手でなく買い手が選択できるとしていることである。特に最後の買い手の指示を実行するという措置は指示内容が買い手に任されるので売り手としては避けるべき措置である。したがって上記例文は当事者の力関係で買い手が優位にある場合の条文例といえる。

　対象商品が補修可能な装置などであれば，これらの措置に"repair"（補修）も加える例が多く見られるが，この場合には代金の減額と組み合わされることが多い。

また，上記のような売り手の措置に加えて，買い手に損害賠償を請求する権利があるかどうかを条文に明記する例も多く見られる。しかし，法律上瑕疵担保責任には損害賠償請求権が含まれているので，上記のように損害賠償権を明確に排除していない規定振りの場合には損害賠償請求権は買い手に残っていると解釈される。

　本ケースのような物品の売買に関する契約においては，このような瑕疵担保責任条項は非常に大きなウェイトを占めている。

Case 10

委託（請負）契約に関する課題は？

　アカデミア社（以下，A社）は，日本に本社を置く日本国内での売上が大きいIT企業である。ソフトウェア商品を中心とするITビジネスはすでに日本国内のみならずアジア地域へも進出しており，今後さらに拡大をしていく予定である。

　このたび，A社は，アジア各国におけるITビジネスのさらなる拡大を図るために，シンガポールに新たなICTセンターと呼ばれる開発・販売拠点を建設する計画を立案した。

　そこで，この大規模な施設の建設をどの建設業者に委託するかについて，相手企業の財務内容を含めた信頼性を最優先して考慮しながらいくつかの業者を候補として挙げ，検討した。通常，大規模な商業施設の建設を外部業者に依頼する場合，建屋工事，内装工事，本ケースのような研究開発施設であれば空調・原動設備，情報処理・通信環境用の配電・配線工事など多種多様な工事を複合的に行う必要がある。このため，依頼した建設業者が実力のある大手であればすべての工事を単独で実施できる場合もあるが，通常は自社が元請業者となって自社にはできない工事をそれぞれの専門業者に下請に出すという請負形態がほとんどである。したがって一部のゼネコンのような丸投げタイプでなく，自前の技術力を有しているかどうかも考慮した上で業者の選定を行った。

　その結果，かねてからビジネス上の関係が深く，現地企業でもあり，多くの建設事業を手掛けて評判も良く，実績のあるシンガポールの建設業者クロス社（以下，C社）にその施設の建設を委託することとした。その工期は約1年と見ており，竣工すればシンガポールの新たなITの拠点としてアジア地域におけるビジネスの拡大を図り売上を伸ばすべく活動をすることとなる。

　そこで，A社からC社へ，本件の建設を委託するにあたり交渉を開始した。

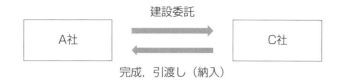

ケース10のポイント

- 建設委託をする場合に注意すべき課題は何か？
- 特に，長期間にわたる委託案件においてはいかなる段取りで契約をまとめていくべきか？
- 工事途中での解約等，建設委託特有のリスクへの対応は？

1 検討の前に

　まずは，A社からICTセンターの仕様，図面，希望納期等を記載した仕様書をC社に提示した上で，委託作業を実施する際に必ず決めておかなければならない基本的な条件について，契約締結前にお互いに合意しておくことが肝要である。

　また，一般に委託契約は，既製品の引渡しを目的とする売買契約などと異なり，本来自分が行う仕事を相手方に行うよう依頼するという側面を有する取引である。このため，通常契約書に記載するような権利義務関係の規定とは別に実際の仕事内容にまで踏み込んでどのように仕事を進めるかを詳細に決めてからその仕事の実行を依頼する必要がある。そのために契約書とは別に仕事の範囲，日程，作業分担，目的物，要求仕様，納期等お互いの行うべき作業内容につき詳細に取り決めた作業記述書（"SOW"）と呼ばれる文書を作成する。場合によっては契約書の付属文書とし，あるいは独立した合意書として契約書と同じ効力を持たせて運用する場合も多い。

> ## *Column*
>
> ### SOW；STATEMENT OF WORKとは？
>
> 　SOWは特に法律用語として確立した定義を有する用語ではないが，種々のビジネス展開を遂行する上で必要な仕事とその内容を具体的かつ詳細なレベルで記載した文書のことをいう。契約書に添付されAPPENDIX，EXHIBIT，ATTACHMENTなどと呼称される場合もある。契約書の本体は原則として権利義務関係を記述することが目的であるため，このように添付書類の形式で詳細な作業内容などについてお互いに交渉して取り決めておくことがよく行われる。
>
> 　したがって，SOWなどでは文章だけではなく理解を助けるために図面なども併用することも自由である。また，SOWの内容は契約履行段階において作業が進んでいくなかで，状況の変化に応じて両社合意の上，契約書本体には影響を与えない範囲で変更を施すことも通常自由である。

2　現状の分析

　本ケースでは，委託する目的物の完成までに比較的長い工期（1年以上）を要することが想定されている。

　その主な理由は，対象建築物が単純な戸建て住宅などではなく，事務所フロア，研究開発フロア，作業フロア，付属施設などを備えた商業施設（ICTセンター）の建築であるために，建築作業自体に相当の期間を要するからである。それに加え，建築物の仕様を細部まで完璧に決定した上でC社と契約を結んで工事を始めるとすれば，仕様決定までにかなりの期間が必要となる。このため，取り急ぎ見切り発車で着工することが求められ，仕様の細部を都度詰めながら工事を進める必要があるからである。

　すなわち，通常の手順で進めるとICTセンターの稼働開始時期がかなり

遅れることが見込まれるためである。依頼主であるA社としては，業界の現状から判断して新しい拠点の建設を計画したわけで，このビジネスチャンスを逃さないためには，できるだけ早期に現地での業務をスタートさせたいという事情がある。これらのことを勘案すれば，建て屋などの大枠の設計仕様と部分的な内装仕様などを確定した段階で委託契約を締結して工事を開始し，完成した部分ごとに引渡しを受け，その完成部分を利用して可能な範囲の業務を開始するというように応急的手順で順次工事を進めていくことが必要と判断される。

3　段取り

(1)　仮契約書による早期着手

　上記のように最終的仕様が確定しない段階で委託契約を締結しようとすれば，委託契約書に記載すべき種々の内容をすべて事前に合意し確定することは困難である。こうした場合，別途合意して定めるとするいわゆるオープン条項や当初の建築物仕様などの変更を許容する条項等がある程度含まれることになる。

　このような未決事項を含む契約書は，全体的に見れば仮契約書の位置付けであるが，記載事項が基本的な合意事項だけ簡潔にまとめた形式であればタームシート（条件概要書）とも呼ばれる。このような部分的合意であっても拘束力を持たせることは可能である。

　最終的な仕様や条件がすべて確定する前に委託作業を早期に開始するのであれば，トラブルを避けるためにどうしても必要な主要事項についてはお互いに協議し，合意しておくべきである。

　このような形で早期着工を可能にしないと，いつまでも受託者が作業に着手できずに完工時期だけが遅くなってICTセンターの開業も遅れ，A社はビジネスチャンスを失うことになる。

　早期着工を可能とするためには，たとえば下記①から⑩までに示すような項目につき合意をして，タームシート，覚書，メモランダム等と呼称さ

れる暫定合意書を拘束力がある形式で締結することが多い。

主な暫定合意事項例
①暫定建設仕様書
②納期（完成納期）
③対価（建設費用）
④上記の対価の支払方法
⑤契約の解除条件
⑥保証条件
⑦損害賠償責任
⑧契約の準拠法
⑨紛争解決手段
⑩秘密保持義務

(2) 委託契約における留意事項

　委託契約は，他者に仕事を依頼（委託）する契約である。しかし，仕事を依頼する際に仕事の内容とともにその進め方なども随時指示および指揮することができるいわゆる雇用契約と異なり，仕事の内容は特定して指示するがその進め方は相手に一任する契約である。このような委託契約には，合意した成果物を引き渡すことで代金が支払われる，たとえば本ケースにおける建築請負契約のような請負契約の場合合意した作業をするだけで成果を問わずに対価が支払われる，たとえばコンピュータデータの入力作業業務委託契約のような委任契約（権限などの委任ではなく業務や作業の委任の場合は準委任契約ともいう）の場合の2種類がある。この両種の契約の区別が曖昧なためにトラブルとなることが多いので，本ケースが請負契約であることを踏まえて受託者の履行義務が何で，何に対して対価が支払われるかを明確に規定する必要がある。

　上記のように，委託契約は，売買契約などに比べ，当事者間にトラブルが生じる要素が多いため，条文上トラブルを防ぐ工夫が必要である。たと

えば，履行期限が到来していないのに委託者の都合で完成成果の引渡しや途中成果の引渡しを求めることは請負契約では違反となる。このため，もしも途中成果でもよいので引渡しを求める事態，たとえば，現在の進捗状況では期限に間に合いそうにないと判断した場合に途中成果を引き取って別の業者に続きの工事を行わせるというようなことを想定するのであれば，その旨を契約に明記しておく必要がある。

　請負契約でトラブルになりやすい点として，途中で受託者の技術レベルが低いことに気付いた場合や，このまま進めれば希望する時期に完成できそうにないと判断した場合などである。上記のように委託者が請負契約を破棄して途中成果を引き取り，別の業者に続きの工事を行わせることを可能にする条項を設けたとしても，受託者側から見れば委託者の自己都合での解約であるので完成成果に対する対価の全額支払いを求めることが想定される。あらかじめ途中解約における途中成果に対する代金支払方法などの規定も設けておくことが望ましい。

(3) 具体的な契約条項の検討と留意事項の対応例

　上記の留意事項にどのように対応するかを具体的な契約条項例で見ていく。読者の皆さんにとって今後委託契約を扱う上での参考としていただきたい。

Article 1：
ACADEMIA hereby retains CROSS to perform the professional construction services ("Services") specified in the attached "Statement of Work" (the "SOW") and to prepare and deliver to ACADEMIA the deliverables specified in the SOW ("Deliverables").

　上記契約例文第1条には，「A社は，所定の仕事をしてその成果物を納品してもらうためにC社を雇う」という主旨が規定されている。この規定

によって本契約が委託契約であることを明らかにしている。

> Article 3.1：
>
> Compensation for all Services and Deliverables described herein shall be as specified in the SOW, and shall be due and payable net thirty (30) days from CROSS' invoice date.
>
> Article 3.2：
>
> Unless otherwise specified in the SOW, CROSS shall issue to ACADEMIA an invoice upon ACADEMIA's acceptance of Milestone Report and Deliverable for a milestone, detailing compensation, fees, and expense reimbursement due to this Agreement.

　上記契約例文第3.1条および第3.2条には，「納品された成果物が受入検査に合格した場合にのみC社はA社に請求書を発行し，A社はC社に対価を支払う」という主旨が規定されている。この規定によって本契約が請負契約の一種であることを明らかにしている。

> Article 2.1：
>
> CROSS shall immediately submit or deliver to ACADEMIA i) the achievement report ("Milestone Report") for that milestone specified in the SOW which has been reached, and ii) the Deliverable that has been completed for such milestone, provided that, if such Milestone Report or Deliverable fail to satisfy the acceptance criteria ("Acceptance Criteria") specified in the SOW with respect to such Milestone Report and Deliverable, ACADEMIA may reject such Milestone Report and Deliverable by notifying such rejection to CROSS.

Article 5.5:

Deliverables delivered by CROSS to ACADEMIA shall become the property of ACADEMIA upon payment in full.

Article 5.7:

Subject to payment by ACADEMIA to CROSS of all compensation specified in the SOW and this Agreement, CROSS hereby grants to ACADEMIA a royalty-free, nonexclusive, nontransferable, limited license to use those CROSS Construction Elements, CROSS Pre-Existing Intellectual Property Rights and CROSS Inventions that are incorporated into a Deliverable, solely for the ACADEMIA's internal business purposes.

　上記契約例文第2.1条には,「成果物が完全に完成するまで待たずに,適切な間隔で設けた里程標(マイルストーン)ごとに報告書とその時点まで作業が終了している途中完成品を引き渡す」という主旨が規定してある。第5.5条には,「引渡物はA社の所有物である」という主旨が規定されており,さらに第5.7条では,「引渡物にC社の知的財産権などが含まれていても自由に使用することを許諾する」という主旨が規定されている。これらの規定により,仮に委託契約がC社側の原因によって途中解約された場合でも(自由解約権の規定はないので,契約不履行という契約違反を理由としてA社が解約することになる),A社はすでに作業が終わって引き渡されている部分はその後も自由に使用できるので,完成部分を自社の業務のために使い始めることや,未完成部分について他の業者に残りの作業を引き継ぐことが可能となる。

Article 7.3:

If this Agreement is terminated by CROSS for cause attributable to

> ACADEMIA before completion of the applicable Services and Deliverable(s) in accordance with Section 7.2 above, any in-process Deliverables and Milestones shall be deemed to have been accepted and completed for this termination purpose and ACADEMIA shall pay CROSS the amount due for the Services already provided as of the date of termination, all payments associated with such in-process Deliverables and Milestones and all out-of-pocket expenses already incurred by CROSS as of the date of termination in anticipation of Deliverables or Milestones specified in the SOW and also ACADEMIA shall cease all use of the licensed portions of the Deliverables and return or destroy all such copies and all portions thereof and so certify in writing to CROSS, provided that ACADEMIA shall continue to own those Deliverables or portions of Deliverables which are owned by ACADEMIA under this Agreement and for which ACADEMIA has paid in full.

しかし，逆にA社側の原因により解約する場合，上記契約例文第7.3条には，「A社はすでに着手した工事部分に対しては解約時に未完成であっても契約で当初約束した代金総額を全額支払う」という主旨が規定されている。さらに同条に「C社の知的財産権などの使用許可は取り消す」という主旨が規定されているので，A社側から自己都合で解約することについてはハードルが高いと考えられる。

おわりに

　本書は，筆者が立教大学法学部兼任講師として，講義に使用した自作テキストのケーススタディとして取り上げた事例をベースにして執筆したものである。筆者が講師として学生たちに何よりも心に留めて欲しいと思って語り掛けた言葉は，「皆さんは社会に出ていろいろな仕事をすることになるでしょうが，何よりも心がけるべきことは仕事のスキームと仕組みについてまずはよく考えること，具体的には仕事の全体像と仕事の流れの中での自分の立ち位置・役割を把握することです」ということである。

　法学部学生が相手だからといって六法全書や分厚いテキストを講義の中で読み下すような講義はせず，手製のテキストとその時その時に発生したトピックスを取り上げてコメントするというような講義スタイルをとってきた。逆に言えば分厚いテキストをつらつら読むような講義を求めている学生たちは筆者の講義を受ける必要はないとあらかじめ表明しておいた。

　それでも選択科目でありながら90名近くの学生が受講を希望し，熱心に聴講してくれたことは望外のことであった。若者の勉学に対する心意気を感じたものである。

　ここで学生の皆さんに書いてもらった講義の感想の中から数例を取り上げてその要旨を下記に紹介する。ほぼ全員から講義の進め方や内容について肯定的な感想が寄せられ，講師冥利に尽きる思いである。目指す目的が達成されたか否かは不明であるが……。

受講生の感想主旨
- この講義でやったようなケーススタディを見つけて知識を知恵に変えることができたらいいなと思います。
- ケーススタディにおいて，現代の企業社会で企業合併や企業間のコラ

ボレーションによる新製品開発が行われている状況を踏まえて，最適なコラボレーションを考えることはとても勉強になりました。新聞などで目にするライセンスやM&Aをケースの中であてはめたとき，発生する不利点を考え出すことを通して実際の契約上で注視すべきポイントを理解できました。
- 4年間取っていた数々の授業の中で最も良く，最も印象に残った授業です。今まで漫然と読んでいた新聞や報道に対しても，意識的にその内容の構造や裏を考える癖がつきました。今まで全く自分の中に存在しなかった思考回路が生まれ，いかに自分が浅いかということを再認識することができました。
- 法を学んでいても，実際にどのような場面で活用されるかが不明なこともあったが，本講義を通して企業間の取引においてどのような場面で法が絡んでくるのか具体的なイメージを持つことができた。
- 企業間交渉やコラボレーションなどに関する言葉は，聞いたことはあるといった程度だったのですが，講義を受けてより具体的に理解できました。

　他にも多くの前向きな感想をいただき，これから社会へ出ていく学生たちにささやかではあるが支援・貢献できたのではないかと思う。苦労が報われた思いである。
　閑話休題。海外・国内を問わず，現代における企業活動はどの業界においても変化が激しく，また，諸事スピードが速くなっているように見える（これは政治活動，学術研究活動も同様な環境にある）。
　このような変化には事業譲渡，企業買収等のいわゆるM&Aや合弁会社の設立などその成就に時間を要するものもあるが，同業者間あるいは異業種間で行われる共同研究・開発，知的財産（権）のライセンスや譲渡，開発や設計等の外部委託のような変化は日常のビジネスの中で頻繁に行われている。

本書は，このような一連の企業間における事業活動をコラボレーションと定義し，全世界におけるすべてのコラボレーションをM&A，合弁，共同開発，ライセンス，外部委託の5種類に分類した上で，どのようなビジネスにどのようなコラボレーションが最適なのか，そのコラボレーションを遂行するための段取りはいかにすればよいか，日常業務の中でいかにしたら最適なビジネススキームを選択ができるかなどにつき，入社間もない社会人の方でもとっつきやすく，わかりやすく解説したものである。したがって，本書の読者としては必ずしも法務知財部門の方々だけを対象としておらず，むしろビジネスの最前線にいる営業部門，営業の支援部門，事業計画を作成し，その達成に責任を持っている部門の方々に読んで欲しいと考えている。

　ゴール（目標）を達成するために，どのような手順でどのような活動をしていくべきか等をあらかじめ設定して準備しておくいわゆる段取りをするということについては意外に無頓着な方々も多い。しかし，段取り八分といわれるように，段取りなしに仕事に取りかかっても仕事の進捗はおぼつかない。それは当然ながらコラボレーションにおいても，どこに焦点を当てるべきかというようなある種の段取りが重要である。本書はコラボレーションをメインに取り上げているが，ビジネス全般において事を推進するにあたって，どこに焦点を当てて物事を進めていくべきかということについても少しでもヒントを得ていただければ幸いである。

　また，本書は，まずビジネスのスキームを考えて，各種コラボレーションの中からそのスキームに最適と考えるコラボレーションを選択するという内容になっている。この選択問題は，「はじめに」でも述べたが，算数の問題とは異なり1＋1＝2のように正解は1つではなく，あえて言えば正解はないのである。言い換えれば，その選択がよかったか否かについては，その選択に従ってビジネスを進めた結果を見て初めて判明するのである。しかし，他の選択ではもっと結果がよかったかもしれず，ケースに

よっては成功だったか否かすら明確でない場合もある。売上が増大したから成功か，利益が出たから成功か，はたまた市場占有率が拡大したから成功かなどの判断は，該当するビジネスの種別や企業の戦略目標により各々異なるので，単独のビジネス結果を見て一概に成功か否かを決めることは難しい。むしろその結果を踏まえ，その結果を最大限活用して次なるスキームの立案につなげていくことこそ企業の最大命題である持続可能性にとって重要なことである。

　考えること，その帰結として決断すること，それがこれからAIやIoTがいくら進歩しても人間に最後まで残される活動だと思う。

　人間は考える葦である。長寿の時代ではあるが，考えることは失わないでいたい。

　初期のコンピュータでは人間がデータという形で入力した"判断基準"を用いて，計測したデータがその判断基準より大きいか小さいかを"判断"する。そして，その判断結果に従って次のプログラムステップを実行するというプロセスを踏む。人間でいう"思考"の一種として扱う"判断"はコンピュータは行うことができるが，その際に用いる"判断基準"はコンピュータが自ら設定することはできない。この点においてその"判断"行為は不完全な"思考"であり，いわゆる人間の"思考"はできていないとしていたように思われる。

　しかし，AI技術が進歩してディープラーニングなどを利用するようになると，まず，この"判断基準"として，コンピュータが過去データの累積であるビッグデータを用い得意とする統計処理を行う。そして，コンピュータ自身が得た結果データを"判断基準"として着目する計測データがその"判断基準"より大きいか小さいかを"判断"するようになってくる。しかも，この"判断基準"は人間が与えたものではなく，過去データの累積が時々刻々と増えていくに従ってその"判断基準"も自動的に変更されていく。こうなると，先に挙げた，"判断基準"は人間が与えているからコンピュータは"判断"をしても"思考"はしていない，という理屈

が成り立たなくなってきている。

　そこで人間は，いやいや，確かに"判断基準"自体は人間が与えたのではないが，ビッグデータをもとに所定の統計処理を行い，その結果を新しい"判断基準"にするようにという"指示"を人間が与えている。つまり，そのような統計データを"判断基準"にするという"決断"は人間がしたのだから，やはりこのコンピュータの"判断"行為はまだ不完全な"思考"であると主張して人間の居場所を守ろうと頑張ることになる。

　上記で筆者が所定の統計データを"判断基準"にするように"判断"すると言わずに"決断"すると言ったのがミソで，この"決断"という行為は今のところいかに優れたAIでもできないと考えられている。

　なぜなら，コンピュータが何らかの選択を行う原理は，必ずデータ比較を行ってその差を調べ，その結果で優劣を定めながら選択を行うようになっているからである。

　このような原理である限り，比較できないものの中からどちらかを選んだり，全く同等で両者に差がない場合には，どちらにするかを決めたりすることはできない道理である。

　一方，人間は必要と考えれば全く同等なものの中からどれか1つをえいやっと選ぶことができる。これはサイコロの目に賭けることができるのと同じであり，このような選択は論理的帰結としての"判断"ではなく論理の飛躍を伴う"決断"あるいは無から有を生み出す"創造"という範疇に入る"思考"であろう。

　したがって，人間は多くの"判断"思考部分でAIの助けを借りながら，最後の"決断"思考部分だけ行うという形になっていき，結局のところ"最後まで人間に残る思考"は"決断"あるいは"創造"することではないであろうか。

　最後になったが，本書を筆者が執筆するきっかけを作って頂いたTMI総合法律事務所の波田野晴朗パートナー弁護士様，本書の内容について全

面的に有用で貴重なアドバイス，提言，支援を頂いた会社の先輩である坂本武様，そして，本書の構成から文章の加筆・修正を精緻にして頂いた中央経済社編集部の木村寿香様の誠意と熱意あるご支援がなければ，本書は完成することは出来なかったと思う。

　ここで，お三方にあらためて，厚く御礼申し上げたい。

　本書が企業で業務遂行をする皆さん，学生の皆さんにとり少しでも有用な本になることを願って筆を擱くこととする。

〈著者紹介〉

石川 文夫（いしかわ　ふみお）
Global Business Knowledge Supply（GBKS）代表　（http://gbks.jp/）

1956年東京生まれ。1979年学習院大学法学部卒業，同年，富士通株式会社入社（2017年退職）。同社にて，海外留学，駐在等を経て，電子デバイス事業本部知的財産部門　渉外部長，富士通セミコンダクター株式会社　法務部統括部長。社外においては，㈶知的財産研究所統括研究員，山口大学大学院技術経営研究科非常勤講師等を務める。
現在，立教大学法学部兼任講師，弁護士法人イノベンティア シニア・コンサルタント。また，GBKS主催の法務知財講座（Legal Enhancement Expert Program Academy）を企画・実施している。
著書に，知的財産研究所編『知的財産ライセンス契約の保護』（共著，雄松堂，2004年），屋代順治郎ほか『国内外メーカー，大学，公的研究機関とのライセンス・アライアンス契約・交渉の実務ノウハウ』（共著，技術情報協会，2006年），「企業における知的財産部門の在り方」知財研フォーラム Vol.97（単著，2014年）等。

ケーススタディ
企業間コラボレーションを成功させる契約交渉の進め方

2018年3月20日　第1版第1刷発行

著者　石　川　文　夫
発行者　山　本　　　継
発行所　㈱中央経済社
発売元　㈱中央経済グループ
　　　　パブリッシング

〒101-0051　東京都千代田区神田神保町1-31-2
電話　03（3293）3371（編集代表）
　　　03（3293）3381（営業代表）
http://www.chuokeizai.co.jp/
印刷／㈱堀内印刷所
製本／㈲井上製本所

© 2018
Printed in Japan

＊頁の「欠落」や「順序違い」などがありましたらお取り替えいたしますので発売元までご送付ください。（送料小社負担）
ISBN978-4-502-25901-2　C3032

JCOPY〈出版者著作権管理機構委託出版物〉本書を無断で複写複製（コピー）することは，著作権法上の例外を除き，禁じられています。本書をコピーされる場合は事前に出版者著作権管理機構（JCOPY）の許諾を受けてください。
JCOPY〈http://www.jcopy.or.jp　e メール：info@jcopy.or.jp　電話：03-3513-6969〉

知的財産法を体系的に理解できる一冊

土肥一史〔著〕
知的財産法入門
<第15版>

わが国の知的財産法を永く支えてきた著者による体系的入門書。変容する知的財産法制度について，その全領域を，国際状況にも言及しながら，独自の構成の下で解説する。

A5判・ハードカバー・416頁

本書の構成

　序　論　知的財産法の概要
Ⅰ　市場の秩序維持法
　第1章　不正競争防止法
　第2章　商標法
Ⅱ　産業上の創作保護法
　第3章　意匠法
　第4章　特許法
　第5章　実用新案法
Ⅲ　学術文化的な創作保護制度
　第6章　著作権法
Ⅳ　知的財産法をめぐる国際的状況
　第7章　国際的知的財産法

中央経済社

◆好評書籍のご案内◆

法務の技法

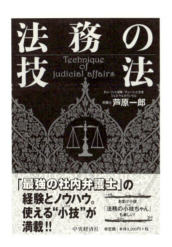

社内弁護士として長年活躍してきた著者の経験やノウハウを親しみやすい文章に結晶化した，ありそうでなかったビジネス実践書。上司・同僚や他部署との調整，取引先とのトラブル，自身の働き方など，どの組織にもある身近な問題を出発点として，考え方と解決策がユニークな切り口でまとめられています。

法務のみならず，ビジネスパーソンの座右の書ともなり得る一冊です。

A5判・304頁
ISBN 978-4-502-10721-4

芦原 一郎［著］

本書の内容 ………………………………………………………………

第1章 分析力アップ（19テーマ）　　第5章 防衛力アップ（11テーマ）

第2章 推進力アップ（31テーマ）　　第6章 やる気アップ（5テーマ）

第3章 説得力アップ（7テーマ）　　第7章 社内法務の基本

第4章 文章力アップ（9テーマ）

各章の章末に，おまけ小説「法務の小枝（こえだ）ちゃん」を収録

判例アレルギー・食わず嫌いの克服へ
調べる・読む・使いこなす！
企業法務のための判例活用マニュアル

弁護士 花野信子［編］

A5判,ソフトカバー,256頁
本体価格2,800円+税

「判例」の重要性は認識しつつも，なかなか苦手意識を拭えない…。本書はこのような悩みを抱える読者に向けて，判例との上手なつき合い方を解説します。リサーチ方法→読み方→活用術と，段階的に学ぶことができます。

〈本書の構成〉

第Ⅰ部 判例リサーチ力を磨く
- 第1章 判例リサーチ基本ガイド
- 第2章 特定の紛争解決，契約交渉等のためのリサーチ方法
- 第3章 普段から判例情報に触れる
- 第4章 リサーチした判例を分析する

第Ⅱ部 判例を効率的に読み込む
- 第1章 心得参箇条
- 第2章 第一審の判決書の読み方をマスターする
- 第3章 判例の具体的な読み進め方

第Ⅲ部 ビジ判活用のススメ
- 第1章 判例のどこに着目するか？
- 第2章 社内向け活用方法
- 第3章 社外向け活用方法

第Ⅳ部 契約書作成への処方箋
- 第1章 売買契約
- 第2章 一般的によく使う条項
- 第3章 建物賃貸借契約
- 第4章 請負契約等

第Ⅴ部 ビジ判100！

中央経済社